城市开发与基建投资实战指南

陈民 胡铭 编著

化学工业出版社
·北京·

内 容 简 介

本书以作者及其所在团队协助城市开发与基建投资领域的大型企业选择、推介、设计、谈判投资项目的实战案例为基础，系统性地从实务角度总结探讨了投资企业在投资拓展和决策过程中与战略制定、投资理念、投资方法、决策机制等相关的现实问题，图文并茂地展现了一幅城市开发和基建投资领域的市场真实图景。本书力求用轻松的语言、简明易懂的方式，把实际投资工作中复杂的问题以案例解剖的形式呈现给读者。

本书可为从事相关领域工作实务的专业投资人士提供解决实际问题的参考，也可为该领域的研究学习者提供借鉴，同时帮助政府从招商引资角度深度理解企业的投资行为。

图书在版编目（CIP）数据

城市开发与基建投资实战指南/陈民，胡铭编著．—北京：化学工业出版社，2021.4（2024.1重印）

ISBN 978-7-122-38518-5

Ⅰ．①城…　Ⅱ．①陈…②胡…　Ⅲ．①城市建设-基本建设投资-指南　Ⅳ．①F283-62

中国版本图书馆 CIP 数据核字（2021）第 028376 号

责任编辑：王　斌　冯国庆　毕小山
责任校对：宋　玮　　装帧设计：张　辉

出版发行：化学工业出版社（北京市东城区青年湖南街 13 号　邮政编码 100011）
印　　装：北京科印技术咨询服务有限公司数码印刷分部
710mm×1000mm　1/16　印张 14½　字数 300 千字　2024 年 1 月北京第 1 版第 4 次印刷

购书咨询：010-64518888　　售后服务：010-64518899
网　　址：http://www.cip.com.cn
凡购买本书，如有缺损质量问题，本社销售中心负责调换。

定　　价：78.00 元

序

文明是文化的彰显，城市文明是城市文化的结晶。陈民与胡铭所编著的《城市开发与基建投资实战指南》一书，是城市文明的养成指南，是城市治理实践经验的积累，是城市治理智慧的结晶。

看一本书是否专业，人们通常愿意用数字、公式和知识来衡量，而在我看来，如果只用这些东西去理解和刻画城市，只能触及城市文明的表层，很容易流于肤浅。要做好城市投融资及其顾问工作，就要发掘出城市文明更深层次的东西，只用知识去理解城市文明层面显然是远远不够的，更需要城市投融资顾问本人有深厚的文化底蕴，对城市文化有很高的悟性，要具有城市治理的经验和智慧。现在我欣喜地看到，这就是一本现代科学精神和中国文化智慧水乳交融的书。

陈民和胡铭平时写的每篇文章我几乎都认真读过。基于对他们的熟悉，在读每一篇文章的时候，我大体上都能够窥一斑而知全豹，看到他们的整体格局是不小的。但当我看到他们汇章成书的时候，仍然有一种意外的惊喜。要知道，写文章和著书的难度完全不在一个等级，能将这些碎片化的文章汇编成一个有机整体，是对作者系统思维功力的极大考验。

具体的感受，本书有四个突出特点。

第一，擅用数字说话，直透数字背后的本质。当前的世界正在进行一场数字化革命。表面上看，数字化让现实世界变得越来越透明了，全世界似乎都没有秘密了。数字挖掘技术似乎正使发现规律、产生思想变得更容易。但是，大数据技术能代替经济学家吗？会使用人工智能就能成为思想家吗？牺牲隐私能换来信任吗？合作会变得更容易吗？

事实上，运用同样的数字挖掘技术，对同样的事情，却往往有完全不同的认识，仍然是谁也说服不了谁，合作并没有变得更容易。从这本书我们可以看到，作者善用数字分析问题，总能在整个行业都不清晰的情况下，为行业找到出路；总能在事件处于胶着状态时，为当事各方找到解决问题的方法。其背后的功力是系统化的思维训练，是基于高度职业素养而形成的敏感性和整体性，是中国文化高维智慧的体现。

第二，紧紧围绕“信”字作文章。“自古皆有死，民无信不立”，这是孔子在两千五百多年前说过的话。一个区域能够长期发展，关键是有大量的人信任它，一旦失去多数人的信任，就失去发展前途，传统的说法就叫“气数已尽”。

现代人对“信”字的理解往往比较具象化，总希望能够准确地度量“信”，而可度量的“信”只能是信用，因此“信用”一词的使用频率要高于单独的“信”字。作者为了读者理解方便，在文章中也多使用“信用”一词，但我能准确地理解作者的本意，他们对信用背后的东西——信心和信任——是有很好的观照的。一个投资人是否到一个区域来投资，信心比信用更重要。经常有这样的情况：有些公认信用比较好的区域，一些信用评级很高的企业，却经常遭到投资人的鄙弃，为什么会这样？因为有信用而缺信任。

作者深谙投资人与政府之间的信之道，善于在两者之间建立信心和信任，以信为本致力于让合作更简单。增加信用是个技术问题，增强信心和增进信任则是文化问题。作者对这个问题把握得非常准确，处理得非常到位，这是有大智慧的人才能做得到的。

第三，把对城市文明的理解融入了字里行间。近年在各地普遍推行的“文明城市”评选，可以近似地理解为“城市文明程度”的评估。前段时间，历史文化名城太原被宣布“创文”失败，为什么一座城市有历史、有文化，却不够“文明”呢？道理没那么深奥，历史文化是老祖宗留下的遗产，不是让我们“躺着吃懒饭”的，在文明上应该下的功夫一点也不能少。

本书有大量篇幅是在讲如何看项目，有一个核心问题是：看项目为什么难？我从书中妙语连珠的警句中提炼了一些答案：勇气、相信、戒贪、戒急、消除恐惧、不要过度“任性”等，都已经超出了技巧层面，而进入一个更高的境界。我读到这些时的感悟是：看项目难在读懂人心，难在读懂当代社会，难在读懂城市文明。城市文明的背后是城市文化，城市文化的背后又是什么？当代中国城市文明是中国文化的精华，同时也要兼容并包含世界一切文明的优秀成果。

第四，这是一项优秀的中观经济领域实践成果。宏观经济和微观经济都是成熟的学科，而中观经济还处于众说纷纭、山头林立的探索阶段。在现阶段，中观经济主要还不是个理论问题，因为还没有出现公认的中观经济理论；我也不太喜欢用一句笼统的“理论结合实际”来描述它，而应该踏踏实实地把它作为一个实践性的学科，用行动去建设。我在研究生期间关注的主要是宏观经济方向，在大学教书也主要是宏观经济类；后来下海经商，从事的则是微观的工作；近二十年的咨询工作，主要是在城市建设投融资这个中观领域深耕。2006年投融资规划方法的创立，标志着我们对中观问题的理解达到一个全新的高度，有了自己的方法论。

投融资规划方法是基于钱学森创立的系统工程方法，投融资规划的本质就是为区域发展增信，随着国家政策的不断调整，不同时期信用的主要载体是在不断发生变化的。之后十五年来的实践中，我们愈发体会到中观问题的复杂性，也深深感受到中观领域人才的稀缺。

我欣喜地看到，陈民和胡铭两位作者在继承投融资规划方法论优点的基础上，进行了大量与时俱进的改造和应用，认知高度和解决具体问题的能力都上升了几个层次，大大发展了投融资规划方法，大大提高了投融资规划方法解决中观问题的能力。他们代表着“后浪”的力量！

我期待着更多关于中观问题的实践成果。只有在实践成果积累的基础上，将来中观经济理论才会应运而生，才能反过来更好地指导实践。

中国系统工程学会常务理事
北京荣邦瑞明投资管理有限责任公司董事长
李伟
2021年1月20日　于徐州

前 言

随着国内城镇化建设水平的升级，投资者对城市开发与基础设施领域的投资兴趣与日俱增。

城市开发与基础设施建设投资一方面是一个专业性非常强的领域，既往已有诸多专家学者对其核心概念、行业特征、风险评估、融资结构等进行过专业理论著述；另一方面，它又是一个以实践为导向的领域。在投资企业开展项目拓展工作的时候，单靠理论知识并不能够解决实际投资过程中出现的问题。投资企业需要综合考虑多维度、多层次的因素。

一是贴近中国的投资管理文化。这与中国商业文化、社会文化一脉相承。深刻理解投资管理文化才能在投资项目洽商和推进时进退有余。

二是学会从合作的角度思考问题。不仅要考虑拿下项目，更重要的是为项目的长期执行做好铺垫。合同签订仅仅是一个开端，项目实际执行过程中如何平衡己方和合作方诉求，投资经理不仅需要丰富的实践经验和深厚的理论基础，更要懂政企沟通。

三是密切关注政策变化。政策变化是影响项目进程的重要因素，可以依赖但不能迷信。

这些因素对投资企业在实际工作过程中的灵活应用提出了更高要求。

2017 年，北京荣邦瑞明投资管理有限责任公司（以下简称荣邦瑞明）正式成立投资顾问事业部，专注于为投资企业提供从项目筛选、投资策划、投融资规划及模式设计、财务评估、落地谈判等全方面、全流程的决策支持。投资顾问事业部基于丰富的实践经验和专业的理论知识，每年为多家大型企业评估项目超过 200 个，辅助投资企业项目落地的规模约 2000 亿元，足迹遍布全国，项目涵盖各个类型。在此过程中，荣邦瑞明与投资企业一起对城市开发与基础设施建设投资项目进行了有益的探索和总结。

荣邦瑞明本着“让合作更简单”的使命，希望从项目实践的角度将自身积累多年的投资经验与行业同仁分享、交流。

本书从实战案例总结入手，力求用轻松易懂的语言，为投资企业、地方政府和从事相关领域投资研究的专业人士展现一幅城市开发和基础建设投资的市场实际图景。

本书主要定位于在项目投资过程中为专业投资经理和团队提供解决实际问题的参考，同时希望满足实践经验相对不足的读者的学习需求，以及帮助政府从招商引资的角度深度理解企业行为。

本书由荣邦瑞明的陈民、胡铭编著。同时，在本书编写过程中，彭松、陈非迟、杨涛、卢望高、童楠楠、秦志冲、游梦娇、张浩、戴维、郭魂、杨书敏、王琦、韩大伟、张鑫、雷星等对本书亦做出了案例和思想贡献，一并表示感谢。

本书是荣邦瑞明和投资企业在长期实践中共同获得的智慧结晶，希望能为业内人士的投资活动带来启发。书中如有不足之处，欢迎各位读者批评指正。

编者

目录

上篇　投资视野 …… **001**

第一章　“区域综合开发”向何处去 …… 003

第二章　城镇化的未来与企业的投资战略 …… 015

第三章　城市运营商的角色 …… 023

第四章　城市综合开发的逻辑 …… 035

第五章　区域综合开发之规划为本：以实施为目标的统筹兼顾 …… 045

第六章　何为 ABO …… 053

第七章　如何做好“新时代基础设施投资管理” …… 063

下篇　看项目记 …… **079**

看项目的那些事儿 …… 081

第八章　投资战略 …… 087

说说投资企业的五重境界 …… 088

找到千里马的跑道 …… 092

传统基础设施投资企业的战略困境 …… 096

长于技术，胜在格局 …… 100

政策让人又爱又恨 …… 104

第九章　投资方法 …… 109

基建项目投资的真正杀手——通货膨胀（上） …… 110

基建项目投资的真正杀手——通货膨胀（中） …… 115

基建项目投资的真正杀手——通货膨胀（下） …… 122

开发特色小镇如何“雨露均沾” …… 126

项目融资始于项目之初（银行篇） …… 129

项目融资始于项目之初（政府和企业篇） …… 135

为什么城市开发模式难以复制 …… 140

轻资产和重资产——IRR 的陷阱 …………………………………… 143
旅游项目投资的形神合一……………………………………………… 147
第十章　投资决策……………………………………………………… 151
苹果好不好吃？先咬一口再说………………………………………… 152
投资决策谁来牵头，这是个问题……………………………………… 155
决策三要素之投资标准………………………………………………… 158
投资决策三要素之决策的程序………………………………………… 162
投资决策三要素之决策的人——决策为谁而定……………………… 165
投资决策三要素之决策的人——投决会谁说了算…………………… 168
从熟人关系开始，用生人视角决策…………………………………… 171
风控好说不好做………………………………………………………… 174
项目的评估价值一半是科学，一半是“任性” ……………………… 177
第十一章　投资理念…………………………………………………… 181
所有的项目都是“鸡肋” ……………………………………………… 182
钱不是问题，“钱途”才是问题 ……………………………………… 186
领导着急了……………………………………………………………… 189
PPP 项目融资如相亲，不能只给照片不见人 ………………………… 193
对面坐着的是个正常人………………………………………………… 196
投资很难赚到你不信的那份钱………………………………………… 199
如何破解“迷惑术” …………………………………………………… 203
唱对政企关系的三首歌………………………………………………… 206
不赚最后一个铜板……………………………………………………… 209
打铁还需自身硬　病急切忌乱投医…………………………………… 212
政企合作要有“丙方思维” …………………………………………… 214
局部最优不等于整体最优……………………………………………… 216
从垄断利润到市场利润………………………………………………… 219

上篇　投资视野

第一章
“区域综合开发”向何处去[1]

[1] 原发表于经济观察网专栏。

近期，《关于推进政府和社会资本合作规范发展的实施意见》（以下简称“10号文”）的印发和解读，引起了PPP（政府与社会资本合作）实施机构、地方政府、企业、专业服务机构及相关各方的广泛关注和热议。其中最引人关注的是，基金预算收入不能再用于支付PPP项目运营补贴，这样一来，导致以土地出让收入作为主要资金平衡基础的区域综合开发型项目大多不能再以PPP模式实施了。

那么“10号文”之后，区域综合开发向何处发展？以下将着重解析“10号文”对区域综合开发的影响，其中涵盖区域综合开发的本源、与PPP的关系、市场需求和未来走向等问题。

一、“被出局”的区域综合开发

区域综合开发被PPP模式划出界线，受影响最大的无疑是那些将城市运营商作为自身发展定位的大型城市开发投资企业。这一规定看似突然，但在大力推广PPP模式的这几年中，有着浓厚中国特色的区域综合开发项目与“洋味”十足的舶来品——PPP之间的种种矛盾，其实早显端倪。

“10号文”中大部分内容，实际上是对过去一系列规范PPP模式运作文件的系统化汇总，并提出了更严苛的标准。关于“基金预算不得用于支付运营补贴”这一条，与个别地方政府绕开财政承受能力管理的做法有关系。

按照财政承受能力管理的规定，由于地方政府用于PPP的支出“不得超过一般公共预算支出的10%”，导致地方采用PPP模式为项目融资的能力有限，因此有个别地方在财政承受能力指标空间不足后，为了绕开上述限制，在PPP项目的财政承受能力方案中，简单敷衍地写了用基金预算收入支付，而这样持续发展下去，财政承受能力管理的目的就会落空，因此针对这种现象进行规范并不令人意外。

在“10号文”发出之初，有诸多业界人士认为特定区域内自求平衡为主、以土地出让收入作为主要支付来源的区域开发项目应当是例外，或者是被“误伤”了。后来证实并非如此，“10号文”并没有任何行文上的疏漏，其本意确实包含了不再将区域综合开发项目纳入PPP范畴管理。

区域综合开发指的是针对相对成片的较大规模（通常在5平方公里以上）区域的整体投资开发工作。它包含了整个区域从战略定位策划、城乡规划编制、土地一级开发、基础设施和公共服务设施建设、土地出让和产业导入以及运营管理的全过程。

站在地方政府的角度上，这被称为城市经营；从事区域综合开发投资、部分参与或全过程都参与的企业，则被定位为城市运营商。

单纯从“10号文”规范PPP模式的角度看，可能难以理解为何要让区域综合开发项目出局。但与之前发布的土地出让收支管理、地方政府专项债及土储专项债等相关文件联系在一起，就不难看出，财政部门正在致力于建立一套以地方政府债券为主渠道、PPP模式为辅助补充的新投融资体制。“10号文”新规之后，PPP模式的应用领域大幅萎缩，基本又回到了2000～2010年之间的特许经营时代，以经营性单体项目为主。

从这个视角来看，为土地储备专项债让路，无疑是区域开发项目出局PPP的重要原因之一。而区域综合开发作为一种具有中国特色城市开发的投资项目，与舶来品特征明显的PPP模式之间，在理念和管理模式上也早有冲突。

二、追本溯源：区域综合开发从哪里来

中国城市建设投融资体系向社会资本开放，从20世纪90年代初期开始起步，早期的投融资体制实际上是以政府投资为核心的。由原国家计划委员会（现称为国家发展和改革委员会，以下简称发改委）主导制定的基本建设程序，是比较有代表性的管理制度，且至今仍旧在实施。基本建设程序规定了政府投资和财政支持的几种形式，其中包括投资补助贴息、资本金出资和直投。

20世纪90年代前后，房子的商品属性逐渐被确立，房地产市场开始逐步形成和发展壮大。房地产开发也成为地方政府大规模修建基础设施的融资渠道之一。

90年代中期，以房地产换基础设施的模式——大盘模式开始出现。其主要表现形式是，地方政府以协议出让的方式将大规模的土地出让给房地产开发商，房地产开发商在建房子的过程中，同时配建市政道路管网，学校、医院等基础设施和公共服务设施。

大盘模式是规模化城市建设早期出现的特色现象，其操盘手法和理念与现今的区域综合开发有十分相似的地方，早期的大型房地产开发商将自己定位为城市运营商也源于此。该模式一直持续到90年代末期。随着土地的不断升值，2002年新的《土地管理法》出台，要求经营性的用地必须要“招拍挂”，2004年“8·31”大限之后，土地一级市场和二级市场彻底分离。基于此，地方政府不能再用大盘模式换基础设施。按照国土部门“净地熟地出让”要求，土地必须要完成周边的开发建设才能出让。

一级开发分出后，土地一级市场开始形成，一部分基础设施建设企业、房地产企业等开始转型进入了一级开发领域，以一级开发为内核，向前延伸至区域功能的策划和城乡规划的制定，向后延伸至二级地产开发、产业的导入和运营，逐渐形成了如今我们看到的区域综合开发模式框架。

区域综合开发模式的出现，满足了企业转型的需求和地方政府的发展区域的诉求。

站在政府角度，引入投资企业，一是借助了企业的投资能力；二是借用了企业的组织管理能力；三是借助了企业的招商能力，并以此模式为基础构建起了区域发展的信用。

大型投资企业专业化运作整体区域的开发，使得每块土地在出让的时候都能够具备一个良好的配套条件，使得土地能够获得应有的价值，也建立了市场对这个区域规划落实的长期信心。经过探索之后，这种概念越来越热，并成为政府发展区域和城市竞争的重要手段之一。

2008 年张五常出版的《中国的经济制度》一书中，基于他多年以来对中国经济发展的观察和研究，把中国经济发展的重要动力源之一定义为县域竞争。2007 年《城乡规划法》颁布以后，城市的规划管理愈加规范，城市化的战略进程由于自上而下的土地规划指标分配和财政资源分配模式，逐渐使我国地级城市成为了区域竞争的真正载体。而建立在区域综合开发基础上的城市运营和招商，就是城市竞争的重要手段之一。

三、顺应中国城镇化发展的“运营商们”

政府的城市经营理念，在 2000 年以后逐步被各地方政府所接受和推广，其基本的思路是把城市的发展当作一种价值创造的综合行为。在这个过程中，众多的投资企业也看到了价值创造过程中的商机，于是顺应中国城镇化发展的大势，纷纷投身于城市综合开发这一创新的领域。这些企业包括一部分转型的房地产企业、投资战略升级的建筑类央企，以及金融资本和地方城投公司。

第一类是从房地产开发企业转型升级而来的城市运营商，以华夏幸福基业、宏泰集团等为典型代表。众所周知，华夏幸福的代表作是固安产业新城。固安曾经是环京地区非常有代表性的发展落后地区之一，当时有一个非常有趣的概念叫做环京贫困带，意思是优质的资源都大规模地向北京聚拢了，而北京周边城市却得不到资源的辐射。这些地区有发展诉求，却没有投资能力，所以地方政府做了一个大胆的尝试，就是把整个城市新区的规划建设、土地一级开发、产业招商都交给企业运作，借助企业的资本能力和招商服务能力来促进地区的发展。固安的阶段性成功既有企业和政府的努力，一定程度上也是受益于北京在奥运会前后发展中的人口和产业疏解。综合型城市运营商在区域综合开发中的政企合作边界如图 1-1 所示。

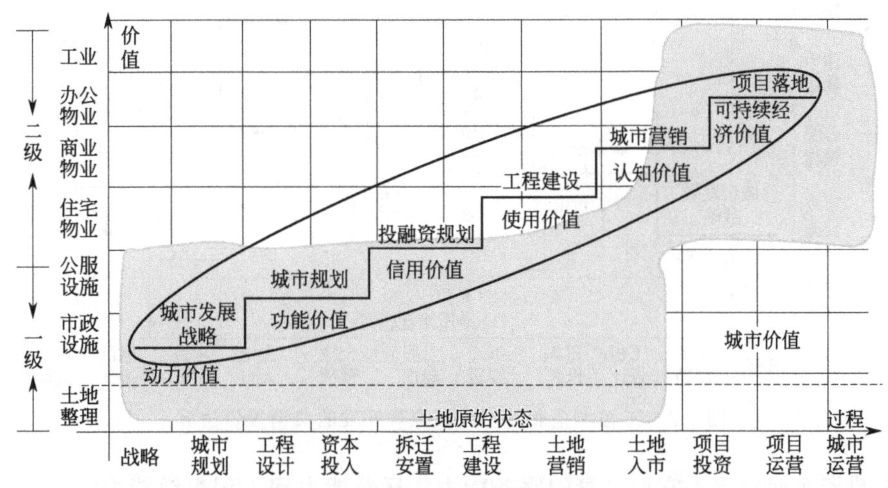

图 1-1 综合型城市运营商在区域综合开发中的政企合作边界

图中封闭区域代表了企业参与区域开发的工作内容，这个区域的边界也是政府与企业之间针对区域开发管理工作的合作边界

在土地越来越贵，买地建房子的房地产开发模式变成一个投入巨大的高周转要求的领域之后，这些房地产企业将目光投向了更基础的价值创造，也就是土地一级开发的过程。这类转型的房地产开发商一直在努力淡化自己的房地产商角色，将自身定位为城市的产业培育者、招商者和服务者。

第二类是从建筑商衍生或转型而来城市运营商，以中国交建、中国建筑、中国铁工、中国铁建等大型工程类央企为代表。这类企业的传统投资领域是城市的基础设施建设，随着 2005 年前后央企股改的推进，这些央企在上市之后，需要找到新的发展空间和利润增长点，于是它们把投资从单纯的基础设施向整个城市的城市运营逐渐进行拓展。而区域综合开发，正好是战略转型非常适合的载体，也与它们的传统工程施工主业有密切的关联（图 1-2）。

第三类比较典型的城市运营投资企业则来源于金融资本，例如以国开金融为代表的城市发展投资基金等。它们起源于开发性金融从债权类业务向股权类业务延伸的过程，并引起了众多大型资本投资企业的效仿。它们早期主要参与地方投融资平台的改造，通过强大的融资能力以及先进的国际视野，改造地方政府投资平台的资本结构和建设管理理念，后来逐渐开始与市场化投资企业合作。与前面

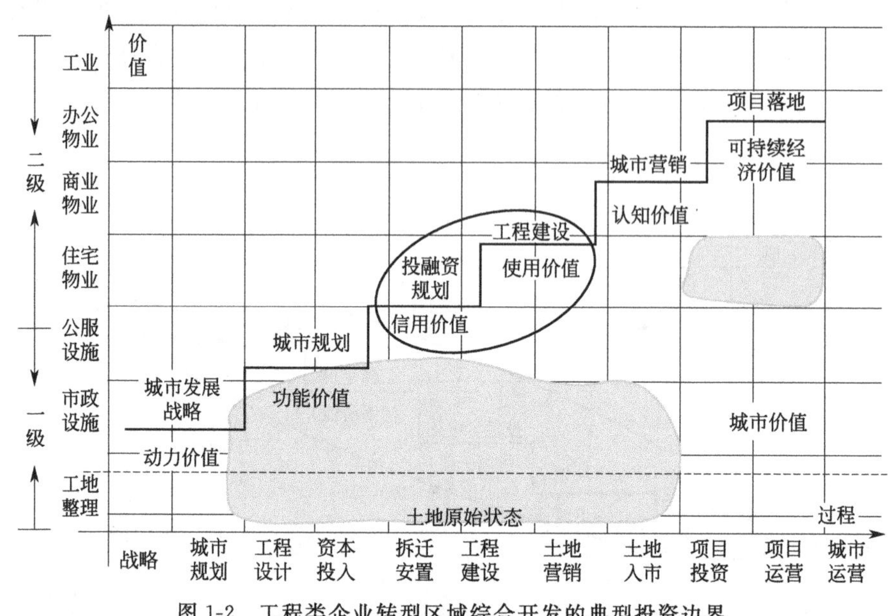

图 1-2　工程类企业转型区域综合开发的典型投资边界

两类投资企业对比，它们本身的服务能力、运营能力和工程组织能力相对薄弱，其优势在于强大的融资能力和基于资本视角之下的资源整合能力。

第四类是城市运营商，典型代表是城投公司，它是借助城市综合开发转型的地方融资平台公司。其过去主要承担地方政府的融资工作，项目大多是纯公益的，缺少真正为平台公司“造血”的能力，而区域综合开发以大规模的土地产出作为载体，使融资平台公司能够借助这种投资活动，逐渐构建自身的“造血”功能，所以不少平台公司也逐渐把片区综合开发作为自身发展的重要跳板，而不仅仅做纯公益的基础设施。

从投资的结构图上看，在区域开发这样一个复杂的体系之中，不同类型投资企业的投资边界也有所不同，它们创造了不同的价值，也获得了不同的回报。城市运营商这类企业最初在上市特别是进行海外募资的时候，将区域开发作为主业，很难被资本市场所理解，经过大量的说服工作，这种开发模式才逐渐得到国际资本市场的认可。应该说区域开发这种模式的产生，与中国特色的城镇化发展体系之下的规划、土地、产业政策以及政府的职责和城市竞争有非常密切的关联。

区域开发过程代表了我国城市建设中一种系统化的实施思路的产生。从系统论的角度而言，大量基础设施的单个加总，并不能形成一个区域的价值。区域发展的信用和价值从系统性的角度来讲，是要从统筹规划、统筹实施、统筹运用资本的角度来加以设计。

以李伟为首的北京荣邦瑞明投资管理有限责任公司（以下简称荣邦瑞明）团队提出的投融资规划方法，也即从资本统筹运用的角度，架起从规划到建设的桥梁，就是区域开发实践与系统论的典型结合。

四、有PPP的“灵魂”却装不进PPP的“躯壳”

这里PPP的“灵魂”指的是广义的PPP，而PPP的“躯壳”指的是狭义的PPP。PPP模式引入国内之初，区域综合开发也应当纳入PPP模式的范畴。这一观念为官方所接受并不是那么一帆风顺的，因为PPP是一个舶来品，带有强烈的国际实践色彩，区域综合开发在国际PPP模式发展中找不到相对应的成熟管理规则。

应该说，区域综合开发是极具中国特色的一类城市发展投资项目。在PPP项目库建立之初，区域开发在入库过程中就受到了很多质疑。在2016年以后，随着各种研究探讨和市场需求的强力推动，区域综合开发作为一种特殊PPP项目逐渐得到认可，很快就在PPP项目库中占了相当大的比重，一度曾在各个行业之中的投资规模上排名前三。

PPP模式作为一种项目融资的技术手段，自然有充分的灵活性。但由于我国的PPP有非常强烈的政府主导色彩，所以大量从典型案例中提炼出来的理念和技术手段，被有意或者无意、有明文或者是无明文地在实践中转化成了强制性的管理规则。在这些规则之中，有非常多的条条框框与区域综合开发都产生了重大的矛盾，使PPP的“躯壳”变得十分僵硬，我们可以举两个非常典型的例子。

一个例子是平滑支付与区域开发大进大出的投入产出特征的矛盾。

平滑支付概念的提出主要是为了符合财政管理的要求。如一个基础设施项目，为了能够平衡各届政府之间的财政支出负担，要求PPP项目的支付周期原则上不少于十年，同时支出曲线要尽力与财政收入预测曲线相符合。而实际上区域开发的主要产出是土地出让收入，也就是基金预算收入，它的特征就是波动性非常大。

这种波动特征，一方面受市场的影响；另一方面受土地指标的制约。区域开发项目的特征是大投入、大产出，所以历来区域开发项目结算模式并没有平滑支付一说，通常是把土地做成一个成本归集单元，所有的基础设施建设的成本都会分摊到土地上，每卖一块土地，就会分摊各种基建成本和直接成本，将综合成本支付给企业，或者在取得土地出让收入之后，按照先进先出的模式逐一结算前期的基础设施投入。

但是为了适应平滑支付，很多区域开发项目不得不将基础设施的支付变成平滑支付。这种方式实际上与区域开发的产出模式是完全不匹配的，导致很多区域开发项目在做项目投后管理的时候，实际与合同条款的约定是脱节的。

另外一个例子体现在回报机制的设计理念上的矛盾。

绝大多数 PPP 项目都是单体的基础设施项目，而政府给出的一个基本的回报水平标准就是所谓的“合理回报”，这个“合理回报”通常情况下只比融资成本高一点点。

站在狭义的物有所值的角度来讲，强调引入社会资本，在提供好的服务基础上，能够为政府节约成本。而区域综合开发这项工作，它与单体基础设施项目最大的不同，是项目的运作带有非常强烈的策划性，它是推动区域发展的动力所在，其核心的产出机制是价值创造，而不是成本节约。

在早期区域开发项目之中，政府和企业之间约定的条款非常简单，就是土地由于企业的投入产生了价值，出售土地之后，增值的部分要适度地给企业分成，作为回报。

这种模式实际上是一种基于价值创造逻辑的分配机制，一些地方还出台了相关政策，就是为了引入资本，为推动区域发展创造条件。后来随着预算法的修订以及土地出让收支管理制度的限制，分成模式已经不再允许实施了。不允许分成模式实施的另一个重要原因，是大部分地区随着房地产市场的高速发展，土地似乎很好卖，但企业资本投入带来的价值提升没有那么强了，这一点实际上是有待论证的，本书就不做详述。

在 2010 年以后的区域开发项目中，产业落地越来越受到地方政府的重视，区域综合开发的链条也因此进一步延伸到产业发展服务或者招商服务。地方政府愿意为城市运营投资企业提供的产业招商服务支付费用，其中非常典型的是产业发展服务费作为结算类目的模式。这种模式实际上是间接地把企业的价值创造以定量的方式衡量出来，最后反馈给投资企业。但这种方式经常会受到政府管理者和部分专家学者的质疑，原因之一就是“政府是不是吃亏了”。

这种吃亏的思想本质上来源于以节约成本和微利回报为指导思想的管理方式。这种思想实际上只强调节约成本，而很少考虑价值创造，它与城市经营逻辑显然是矛盾的。所以这个矛盾在很多地区做片区开发项目的时候，经常成为评审会上讨论的焦点。2017 年以后，大量有这样的合作条款的项目都难以入库，是这个矛盾非常集中的体现。

不难看出，区域综合开发项目从政府和企业的分工逻辑合作方式来讲，专业的事交给企业来做，管理的事交给政府部门做，这非常具有 PPP 这种理论的“灵魂”。但是当以国际实践为基础的，以单体项目为模板的一些管理理念和技术手段，立刻上升到“大一统”的政府管理规制时，区域开发这种中国特色的项目就难以“装进”目前狭义的 PPP 模式中，这是一个非常痛苦的市场现实。

五、区域开发项目何去何从

尽管当前的政策体系正在逐渐把中国的城市投融资体制导向一种以地方政府的建设专项债和土储专项债为主导，少量经营性的基础设施 PPP 项目为辅助的体系，但这个体系在 10～15 年之内，恐怕还不能够满足地方政府对城市发展的需求。

这个体系强调了透明可控，自上而下管理和额度分配的意味非常浓重，地方政府能够做的努力相对比较薄弱。其融资逻辑是量入为出，有多少钱做多少事，以安全和风险控制为基本的出发点。但目前我国城市的扩张逻辑却不是这样，如城市规划出一个新区，实际上是凭空产生了大量的投资需求。这个需求并不是基于当前的财力来做的，而是基于城市已经积累起来的整体发展势能来做的。

所以区域综合开发不是一个线性的基于现状缓慢延伸的一种投资逻辑，而是一种“无中生有”的投资需求逻辑。像粤港澳大湾区、“一带一路”沿线及长江三角洲等规划出来的大量的新城、战略产业区，这些凭空被规划出的区域，是不可能基于地方现有的财政实力慢慢去发展实现的。

未来 10～15 年，我国城市化还处在扩张和快速发展的过程之中，区域综合开发项目仍然是城市发展的重要载体。或许到 2035 年，绝大部分城市到了本轮城市总体规划实施的尾声，大部分城市不再有扩张性的城市发展需求时，区域综合开发才会慢慢地退出我国历史舞台，以发债为绝对主渠道的政府投融资体系才能够彻底形成。

因此，区域综合开发作为一类通常以自求平衡为设计基础的投资项目，在未来 10～15 年的中国城镇化进程中，仍然具有很好的市场前景和强烈的现实需求。

区域综合开发在被狭义 PPP 模式划出圈子之后，其落地政策途径更多地见于地方性的一级开发政策或者是基于平台公司授权开发模式的政府间接投资项目管理规定之中。在 2019 年的政府工作会议中，提出了要用好开发性金融工具，尽管这种提法更多地指向了地方政府的债务化解，却也值得我们思考，在城镇化的扩张阶段，如何结合中国的现实需要，建立开发性的投融资体制。

六、区域开发：如何有“原则”地前行

防控金融风险、防控地方政府债务是当前投融资政策的核心关键词之一，尽管区域综合开发有强烈的市场需求，但是在实施任何一个项目时，都不得不考虑是否会引起地方政府的隐形债务。

所谓地方政府债务，有些能够清楚地界定，有些则仍然带有主观判断的成分。防控债务风险，除了减少和控制债务规模外，还要兼顾发展需求，那么更好的模式设计和经营管理也是必备的手段。

政府既要引入投资企业合作实施区域的开发工作，又要在兼顾发展的同时防止背上负债之名，那么在设计区域综合开发政企合作模式和真正推进项目实施时，应当遵循以下几个原则。

一是基于“三个平衡”做好选址和规划方案。

由于区域开发投入很大，选址和规划是最基础的工作，也是投资要实现的目标，规划的制定和空间规模的选择，要考虑片区开发的总体投入产出平衡、近中远期现金流平衡和产城功能的平衡，在“三个平衡”的基础上，才能说一个区域开发项目可以自求平衡。

二是要做好政府和企业的分工边界。

区域综合开发和运营，比一个单体基础设施项目要复杂得多。从政企合作角度而言，需要在规划空间、项目类别和项目实施流程三个维度上都描绘清楚政府和企业的边界，这个边界如图 1-1 所示，是系统化的。

而边界如何划定，则取决于规划区域的功能特征、企业能力和政府的管理机构配置。

三是要控制好投资节奏，做好开发时序设计。

不形成所谓的政府隐形债务，除了总体上自求平衡之外，在开发节奏上也要加以控制，要符合城市发展的客观规律和市场规律。滚动开发的理念已经被政府和企业广为接受，但是滚动开发需要有严格的投资纪律和具体的投资时序作为指导及抓手，每个区域开发项目在进入投资实施阶段后都应当先制定投融资规划或者建立开发时序方案。

四是要做好土储专项债和市场化政企合作模式的衔接。

区域综合开发和土储专项债的基础都是土地，但是两者不是互斥的，而是可以互为补充的。区域开发的政企合作机制可以对企业投资内容做出一种弹性的设计，使区域综合开发过程中可以兼容专项债的发行、使用和偿还。

五是履行合规程序，并做好财政管理和企业投资之间在财务模式上的衔接。

除此之外，还应注意未来市场化的政企合作方式，要履行合规的程序。区域综合开发是广义的政企合作，政府仍然选择有投资能力、优势的企业来做。如果是市场化企业来做，要履行政府招投标的程序，做好实施方案报批，要参照PPP的做法。如果是政府自己的平台企业来做，那么政府要授权，这个授权要避免是“两页纸”模式，要做成一个协议合规授权，划清政府和企业的合作模式。

同时，政府使用土地出让收入与企业结算各类投资成本时，也应当符合土地出让收支管理的相关规定。

区域综合开发来源于中国的城镇化实践，也具有强烈的中国特色和创新特点。它在未来15年的中国城镇化进程中仍将发挥重要的作用，也会是我们在“一带一路”框架下寻求投资机会和输出中国经验的重要载体。在当前投融资体制变革的时代，我们应该以更加开放的态度、更加系统化的思考和更加专业的设计，来对其进行总结和提升，真正做到扬长避短、控制风险和创造价值。

第二章

城镇化的未来与企业的投资战略[1]

❶ 原发表于经济观察网专栏。

参与城市开发投资的企业，在与地方政府交流时，经常会说“我们要与城市共同成长”，这句话不仅是谦虚之言，也表达了为城市做贡献的意思。换个方向说，它也道出了企业投资于城市开发领域的本质，用通俗的话讲，叫做顺势而为。从系统论的角度而言，企业投资建设和运营的项目，无论大小，都是城市的一个子系统，城市发展好了，这个子系统才稳固，才有盈利的前景。

参与城市开发投资，本质上是在城镇化建设的大趋势中寻求投资机会。因此，投资企业应当关注城镇化模式的变化，城市发展的模式变了，系统环境也会发生变化，企业的战略也要随之调整。而当前就是企业调整投资战略的重要窗口期。

一、城镇化模式的演变

2019 年 4 月，发改委关于印发《2019 年新型城镇化建设重点任务》的通知中，有几个很值得投资企业注意的提法：一是放宽人口落户政策；二是加快核心城市群和都市圈的发展；三是首次提出了收缩型中小城市这个概念。

这几个提法对城镇化趋势的解读，大概的意思是，城镇化已经到了中后期，不需要再进行过多的户籍限制，要巩固前期城镇化的成果；同时今后不是所有的城市都要进行扩张，重点城市群和都市圈要继续发展及升级，不具备进一步城市化条件的中小城市不仅不再大力发展建设了，甚至要适当缩减。

这个政策的宏观导向性比较强，看起来似乎没有直接提出太多落地性的具体措施，但它代表了政策制定层对于我国当前城镇化发展阶段的一种判断，也就是城镇化已经到了尾声阶段，过去的 20 多年中所出现的普遍扩张型城市建设，在未来的 10 年中将不会持续。

虽然这个文件写的是 2019 年的任务，但我们不妨把它看成未来 10 年我国快速城镇化末期阶段趋势变化的一种信号。综合近两年中央和地方出台的一系列影响城市化进程的政策文件，我们就可以更好地理解未来 10 年的城镇化发展机制。

城镇化的过程，通俗一点理解，就是一个城镇空间扩张、人口聚集、产业发展的过程。整个过程是宏大的，影响这个过程实现的则是一些具体的、关键性的规划、土地、投融资和户籍等政策机制。

二、从占补平衡到增减挂钩再到跨区域指标调剂

空间扩张是城镇化的基础，这个过程中，土地政策的作用是关键。我们来看几个土地政策上的关键词和关键机制。

第一个关键词叫做耕地占补平衡。耕地占补平衡的意思是城市建设扩张占用了多少耕地，地方政府就应当负责开垦与所占用耕地的数量和质量相当的耕地。

这个机制是城镇化过程中空间扩张的基本机制，一直沿用至今，早期的占补平衡主要是在城镇内部实现的。在这个机制下，总体上城镇建设用地在增加，耕地原则上不减少，而被开垦成耕地的荒山、荒坡和未利用地则在不断减少。

这样的机制在实行了十几年以后，发现荒山荒坡越来越少了，能够开垦出的高质量农田也逐渐变得不足。城镇近郊的农村随着城市化扩张，或被拆除，或受益于城镇化带动有所发展，而远郊或偏远地区的农村则难以受益。

第二个关键词叫做城乡建设用地增减挂钩（以下简称增减挂钩）。它是在2008年前后出现的，其意思是“将若干拟整理复垦为耕地的农村建设用地地块（即拆旧地块）和拟用于城镇建设的地块（即建新地块）等面积共同组成建新拆旧项目区，通过建新拆旧和土地整理复垦等措施，实现城市建设和优化城乡用地布局”。

这个机制早期是为了解决小城镇建设问题，随着《国务院关于深化改革严格土地管理的决定》（国发［2004］28号）和《城乡建设用地增减挂钩试点管理办法》（国土资发［2008］138号）的发布，逐渐从试点到全国，被应用到大城市的建设之中，其中最有名的就是成渝城乡统筹试验区的地票模式。

城乡建设用地增减挂钩实现了在空间上远郊区和近郊区的直接置换，使得城镇化除了以蔓延式的扩张，带动近郊城市发展和农村发展之外，也可以使远郊区的农村获益。这也代表了在城镇化过程中，我们对局部地区中心城区和远郊农村地区发展不平衡的一种客观认识。这一机制经过试点，在之后的10年中，逐渐扩大到了全国。

2018年，国务院办公厅《关于印发跨省域补充耕地国家统筹管理办法和城乡建设用地增减挂钩节余指标跨省域调剂管理办法的通知》（国办发［2018］16号文）发布。新出台的占补平衡和增减挂钩指标跨省域调剂及交易政策，实际上在更高层面上确认了地区之间发展不平衡的事实。

从早期的地市内部平衡，到中期的省内平衡，再到目前的跨省调剂，与收缩型中小城市的提法相对照，明显地反映出我国的城镇化进程已经到了后期阶段的特征。在空间层面上，全面扩张的时代已经过去。

土地是城市建设和基础设施建设的基本载体，基础的不平衡发展，对应的是建设需求的不平衡。

三、更加开放的人口流动政策

与空间政策相对应的，实际上是人口流动政策，新型城镇化建设重点任务中提出，要进一步放宽中小城市的落户政策，同时要推动大中型城市进一步放宽落户政策。这其中有以下两个方面的含义。

一是要巩固过去几十年城镇化的成果。因为过去我们的城镇化率是以常住人口城镇化率作为统计口径的，但实际上大量的常住人口并没有获得城市户籍，这使得过去的城镇化成果不够牢固。所以落户政策中的放宽首先是要巩固以前已经形成的城镇化成果。

二是顺应人口流动的大势。我们看到，过去落户门槛较高的大型城市、特大型城市，目前也在努力地对高学历和高技能人才放宽落户的门槛，也就是媒体上常说的“抢人大战”。

为什么要叫“抢人大战”呢？说起这一点，让我想起了最近去成都出差，发现一个非常有意思的现象：有不少当地的政府官员和企业领导经常在讨论三个字——人、城、产。这三个字在发展城市时，逻辑顺序应该是什么呢？

有人认为，应该按照产、城、人的模式来进行城市建设。因为产业先行似乎成为大多数地方政府发展城市的一个基本的逻辑。后来，这个说法逐渐演变成了人、城、产，所有的地方政府都明白一点，就是进行产业升级，但不是想升级就能升级的，没有高素质的人才参与，企业根本不会来，那么高质量的产业也就不可能发展起来，所以就要围绕人、城、产的逻辑来发展城市。

这样的一种讨论，一定程度上体现了现在城市间进行人才争夺战的根本出发点。

早期城市化给城市带来的人口红利，首先是大量的农民工进城，及劳动密集型制造业的发展。随着产业智能化发展的升级，传统制造业的扩张对城市的带动逐渐趋弱，对人才的素质要求也越来越高。

2018 年全国本科毕业生数量超过了 800 万人，按照这个趋势计算，2019～2028 年将有近 1 亿规模的本科毕业生。对这部分高学历人才的争夺，将是未来核心城市产业升级的基础。

这部分人是最有生产力和消费力的人群，他们向核心城市的流动势不可挡。

四、量入为出为主基调的投融资政策

影响城市化发展能力的第三种政策力量是城市建设投融资政策。中华人民共和国财政部《关于推进政府和社会资本合作规范发展的实施意见》（财金［2019］10号）发布以后，结合预算法及地方政府发债的相关政策，可以看到，以发债为主、PPP模式为辅的城市建设投融资体制已经基本确立，这两个主要渠道的管理逻辑都是量入为出、限额管理。

所以城市的发展基础越强，融资空间就越大。这样一种在城市建设尾声阶段，以风险控制为基本出发点的投融资政策基调，也限制了三四线城市从基建角度进一步努力的空间，留给他们的竞争时间已经不多。

从土地指标政策、人口流动政策和投融资政策这三个塑造城市化能力的主要政策维度出发，可以明显看到，在未来10～15年的城市化后期阶段，核心城市群和都市圈的发展能力与三四线城市之间的差距将进一步拉大，这种差距带来的必然是城市建设资本流向的进一步集中。

五、农村土地改革政策

城镇化过程中，资本流向趋于向核心城市集中并不是唯一的趋势，农村土地政策的改革，还会带来资本流向的分散趋势。

集体土地和国有土地双轨制并行多年，现在三权分置的改革，将促进资本更加直接地进入农村，实现就地升级的城镇化。

对城市扩张的依赖减少不是逆城市化，而是对向城市集中的资本的一种分流。我国在更加严格的规划管理以及自上而下的财政分配体制之下，不大可能出现逆城市化，只是从资本流向的角度，集中和扩散并存。

前面介绍的这些政策都是城市化的聚集政策。聚集政策会带来资本流向的集中，同时在探讨城市化过程中资本流动方向的时候，还应该注意到另外一个资本反向流动的政策。这个政策指的是建设资本会逐渐更大规模地流向传统的农村地区，这个趋势也是值得我们注意的。

农村政策的走向与土地政策有密切的关系。众所周知，国家的土地政策以前实际上是以双轨制作为基础。土地所有权上分为国有建设用地和集体建设用地，我们要进行城市的建设，原则上都要求在国有建设用地上实施，而2018年国家提出的土地改革的几个重要方向，最核心的关键词就是三权分置。

农村的集体土地分为三类：第一类是集体所有的建设用地；第二类是宅基地；第三类是农用地。什么是三权分置呢？

三权分置对农用地而言，指的是农用地的所有权、承包权和经营权的分离。经营权分离之后，在保障农民通过承包权获得基本收益的基础上，经营权可以对外流转，流向企业和经营大户，通过资本投入和规模化生产实现农业现代化升级。

宅基地的三权分置指的是所有权、资格权和使用权的分离，目前还在改革的试点探索阶段。宅基地的三权分置使得它的使用属性和流转属性会更加接近城市的土地和房子，也会导致资本会直接进入农村，对宅基地加以经营和改造。

与农村土地改革相关的另外一个很重要的政策是“集体土地直接入市试点”，这部分针对的主要是集体建设用地。在2015年以后，国务院选择了十几个试点地区，北京、深圳等都已经有了不少集体土地直接入市的案例。

集体土地入市政策的受益地区，一类是大城市外围的远郊区域，这些地区已经受到中心城区城市化的带动，但又不在城市规划区范围之内，无法等待城市扩张带来的拆迁；另一类是具备各类特色小镇建设条件的都市圈外围地区，这些地区与中心城市的交通半径通常为2小时左右的车程。

从资本流动的角度看，农村土地政策的改革，带来的趋势是与资本向中心城市集中相反的效果，会使得资本直接分流进入更加广阔的农村地区。

但我们要清楚，它不是逆城市化。因为在城市公共服务资源配置模式上，财政资金的支出会优先保障成熟城市区域的运行，这使得老城区的衰退是不大可能的，规划和土地指标的管制也会强有力地维护中心城市的地位。因此，核心城市的产业和生活成本在不断攀升的过程中虽然会产生挤出效应，但不会产生逆城市化。

六、基础设施投资企业的战略方向选择

从对上述的总结可以看出，推动城市化格局变革的人口、投融资和土地等政策机制，正在重塑未来十年城镇化后期阶段的城乡建设格局，城市的普遍扩张阶段趋向终结，资本向核心都市圈和城市群的集中趋势及向农村地区流动的分散趋势并存，以北京、上海、广州、深圳为代表的一线城市产业升级和旧城改造，京津冀、珠三角、长三角、关中、成渝等几个核心城市群继续完成城市扩张和新区建设。

上述核心城市和城市群外围的农村需要建设升级，而大部分三四线城市则处于“夹心层”，以平稳发展为主基调。

在这样的趋势下，参与城镇化建设的投资企业应当抓紧时间重塑自身的投资战略和经营策略，学会运用新的政策，并围绕不同层级地区的发展趋势和发展需求锻造升级自身的投资能力。

一是要建立与区域发展能力相匹配的投资规模和风险控制政策。尽管在趋势上而言，未来不同城市之间的发展能力和空间规模会逐渐分化，但是过去形成的普遍扩张式的建设惯性并不会立刻终止。这就要求企业在制定投资策略和寻求投资机会的时候，把城市特性作为首要考虑因素。

二是要升级自身的产业招商和运营能力。一线城市已经进入了产业升级的阶段，常规的基础设施建设已不是这些城市的主要需求。各个城市群的中心城市尽管还存在大规模的开发需求，但产业方面也在同步进入全面开放阶段。因此政府对产业引入的需求会成为未来城市开发的核心，这对传统的以投融资和基建为主要切入点的城市开发投资企业而言，是一个不小的挑战，如果不能强化这方面的能力，那么未来很难拿到优质的项目。

三是要重视都市圈外围农村地区的发展，学会走特色化经营路线。农村地区未来的投资机会将越来越多，但是农村地区的建设不会以大型基建项目为主，而是要依赖中心城市产业和人口的辐射效应，走特色产业、特色旅游等经营型路线。这对企业的经营能力和品牌建设则是更高的要求。

城镇化在走过了快速发展的三十多年之后，已经进入了中后期阶段，在过去长期的惯性趋势中，投资企业普遍制定了持续扩张型的企业目标，当我们能够从内核型的政策机制出发，重新理解未来十年的城镇化格局时，就不难看到，城市开发的投资企业，当前正是调整投资战略目标并重塑业务能力的最佳窗口期。

第三章

城市运营商的角色

在产业新城、产业园区等区域综合开发项目中，承担片区建设运营开发工作的企业主体，被称作城市运营商。城市运营商既可以是政府的平台公司，也可以是市场化的投资企业。

能够获得城市运营商的身份，自然与企业承担的职能有关系，地方政府与企业之间的合作关系，也是基于此建立起来的。在片区开发中承担基础设施和公共服务设施建设、产业发展服务和片区运营管理，这是对城市运营商工作的常规描述，看得多了，有时候会觉得习以为常，似乎城市运营商“天生”就只是做这些事。

前一段时间，我参加地方政府和一家大型投资企业的综合开发项目合作谈判，双方谈了很长时间，各种合作条件也谈得差不多了，会议结束之前，一位政府领导给参与谈判的政府工作组提了一个问题，“我们为什么一定要引入一家城市运营商？这些事情我们政府部门为什么自己做不好？你们也要思考一下。”

这是一个非常基本的问题，但是引起了政企双方十分热烈的讨论，也引发了我的重新思考。有时不把基本问题谈清楚，就很难在操作层面的问题上有正确的处理导向，所以今天我们来谈一谈这个基本问题，城市运营商在区域综合开发中，承担的到底是什么角色？为什么政府有必要建立或者引入一家城市运营商？

基于过去十几年之中为上百家新区提供的综合开发服务实践，我们认为城市运营商在一个区域综合开发项目中，最有价值的两个角色就是进行投融资统筹以及产业发展服务，并可以在此基础上衍生出更多的增值服务。

那么，这些角色政府是否可以担当呢？企业又凭什么能做得比政府更专业呢？这些基本问题不探讨清楚，政府与企业的合作就不容易顺利推进。

区域综合开发的（投融资）资金统筹者：规划落实的增信平台。

片区综合开发的投资主体，第一个角色是各类基础设施和公共服务设施建设的投融资及资金的统筹者，从区域发展和规划落地的角度而言，它也是通过资金统筹成为区域发展增信的主体。

为什么要强调资金统筹这个角色呢？这个角色看起来似乎没有很高的含金量。其实不然，要说清楚这个问题，让我们从二十年前在城市建设领域出现的两个热词“堵城”“睡城”说起。

一、“堵城”“睡城”是怎么形成的

2000 年前后，新城开发的概念还在萌芽之中，出现在人们视野中的还是“卫星城”的开发模式。当时在北京、上海等一线大城市，中心区的建设已经比较完善，并且处于不断扩张之中，大城市病的问题逐渐凸显出来，管理者逐渐意识到“摊大饼式”的发展模式必须要有所转变，于是远离中心城区的“卫星城”、城市边缘“组团”被规划出来。

然而意想不到的是，这些郊区的城市边缘“组团”开发出来以后，却普遍出现了基础设施和公共服务配套不足的问题，住在这里的数万甚至十几万人群，每天上下班时间不得不挤在非常有限的一两条道路上，晚上回到居住区，没有商业服务，文化娱乐设施十分匮乏，学校、医院之类的设施建设也相当滞后，人们回到居住区只能睡觉，于是这些郊区的城市“组团”被人们戏称为“堵城”“睡城”。

那么这些“堵城”“睡城”是怎么形成的呢？为什么基础设施和公共服务设施建设会那么滞后呢？是制定规划的时候没规划这些服务设施吗？显然不是，当时的规划理念即便没有今天先进，也不至于如此落后。在研究这些地区的成因时，我们访问了当时操盘这些地区开发的政府官员，他们比较普遍的回答是，没有钱，没钱修建这些设施，只能等政府有钱了慢慢完善配套。

这个原因听上去很实际，没钱这件事儿实在是谁也没办法。可细细思考一下，“没钱”是一线建设者的直观感受，但是为什么会没钱呢？这些城市边缘“组团”、郊区“卫星城”，多半是以居住功能为主的，也就是说这些地区规划中住宅和商业这类高价值经营性土地的比重是比较高的，土地在出让时，会有比较大的资金回流，通常情况下，这些资金应该能够满足一个区域的基础设施和公共服务配套建设。为何一线的建设者会感受到没钱呢？

这个问题很值得探究，我们需要从过去政府在新区建设的资金运用过程中去寻找答案。首先需要了解一下，政府部门的职能设置。在城市建设领域，政府部门的职能呈现出非常明显的行业特征，比如交通部门负责城市交通基础设施的建设统筹；教育部门负责各类教育设施的建设和运行；市政部门负责城市里面污水处理、垃圾处理等市政设施的建设和管理；而土地储备部门则主要负责经营性土地的收储和供应（图 3-1）。

按照行业划分职能，使得政府的管理职能相对比较容易实现专业化，职责边界非常清楚。那他们在一个新区的建设中又是如何发挥作用和运用资金的呢？

新区建设的开始阶段，通常政府会投入资金修建联系新区与主城区之间的交通基础设施，之后的工作中，土地储备部门开始发挥作用，在完成“七通一平”的建设工作并付出征地和拆迁成本后，将新区的住宅、商业和产业用地收储，向市场供应。供应所得的土地出让收入，进入财政，其中对应土地收储成本的部分，通常会返还给土地收储部门，而高于土地收储成本的增量资金，则由财政和发改部门，根据各个行业主管部门申报的建设项目资金需求，拨付给各个行业主

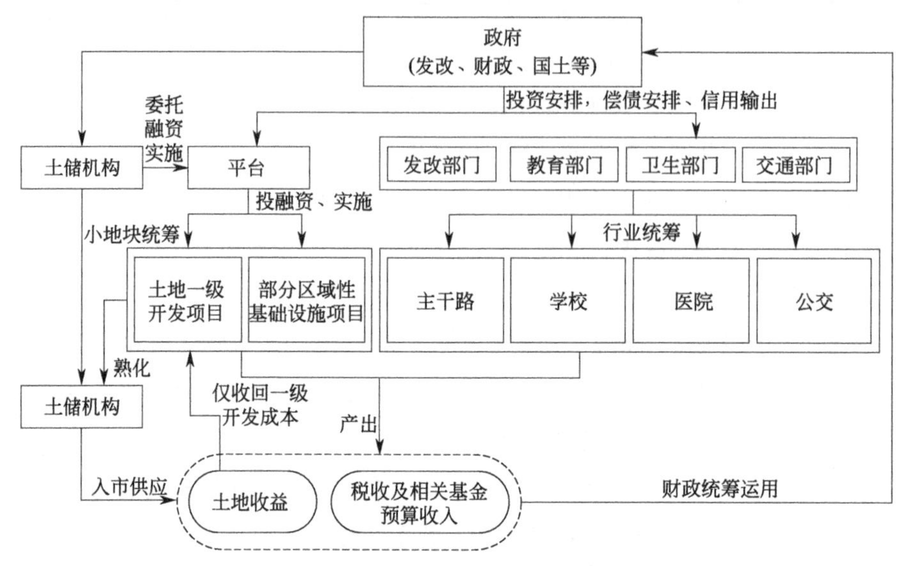

图 3-1 常规城市建设资金运用模式

管部门，用于各类基础设施和公共服务项目的建设。

那为什么新区经常会出现基础设施和公共服务设施配套滞后的情况呢？难道这些资金没有被用于项目建设吗？并非如此，这些资金确实用来建设各种项目了，只是没被用在新区上。

这是什么原因？实际上这与各个行业部门的资金运用逻辑有关，由于每一个行业主管部门统筹的都是整个城市本行业的建设发展工作，在运用资金安排建设项目时，通常有两个基本原则：第一个原则是紧急项目优先，如一些地方老百姓已经入住了，缺乏学校、医院等配套设施已经成为社会问题，这类紧急项目会优先安排资金；第二个原则是重大项目优先，如市里面新制定了发展规划，安排了一项大型基础设施建设，变成了“一把手工程”，那么这类项目通常会获得资金安排上的优先权。

过去的二十多年中，我们的城市规模一直处在不断扩张之中，城市的摊子铺得越大，政府花钱的地方就越多。许多行业主管部门的拟建项目库中，项目每年增加的都比减少的快，资金需求越来越多，从来不曾削减过，资金始终处在不够用的状态之下，于是在紧急优先、重大优先的安排规则下，那些表面看起来既不紧急又不重要的项目，就只能排队；在全市统筹、行业统筹的视角下，为一个新区早期的建设提前配置甚至同步配置基础设施和公共服务设施，通常看起来自然没那么紧急。

由此可见，新区土地出让的资金，只是没有投到新区项目建设中，而是投到其他“更急需要钱”的项目上去了。产生的后果，就是很多新区的建设，相比于住宅开发而言，基础设施和公共服务设施都处在后配套的状态，住宅开发完成多年后，配套设施才能够逐渐到位，于是出现“堵城”“睡城”也就不足为奇了。

二、常规建设管理体制在开发新区时的不足

从市场化的角度出发，一个城市片区规划是具有整体性的，土地的价值实际上来源于周边配套的完善程度。后配套模式产生的一个后果就是前期经营性用地出让时，土地价值达不到它应有的水平，企业不愿意出高价购买土地，因为后期的开发工作面临着不知道何时配套能够完善的风险，入住新区的居民和企业在很长一段时间内享受不到应有的配套服务。

从系统论的视角出发，我们可以看到，常规的政府建设管理体系设计以行业统筹为基本分工原则，是站在城市层级来设计的，站在整个城市的角度分工和统筹。而一个新区实际上是城市的子系统之一，当这个子系统产生的收益不能遵循子系统优先的原则被使用时，那么这个子系统自然只能是后配套，外部投资者也不会给这个子系统的发展赋予很强的信心。

通过对城市建设过程中政府花钱逻辑的理解，我们可以清楚地看到，常规城市建设管理体制只能适应城市的蔓延式空间连续发展，或者是城市的成熟区域建设管理需要。它很难专门为一个新区的优先发展而服务，这是政府常规建设管理体系的局限。

有很多新区在开发时，地方政府都会成立一个指挥部甚至是专门的管委会，其主要职责是研究本区域的开发工作。为了支持新区发展，政府还会出台一个财政支持性政策，强调：本区域产生的土地收益封闭运行，都投到本区的建设之中。

这个体制的安排，本质上就是为了打破以往常规城市建设管理职能——全市统筹和行业统筹。绝大多数管委会的机构设置和人员配置都是精简化的，在管委会之下，真正负责具体的投融资工作、承担新区开发建设和发展职能的是新区的另一个主体。这个主体或者是政府的平台公司，或者是市场化的投资主体，它承担了融资、投资建设新区的各类设施，完成一级开发，按照新区的发展需求统筹运用新区产生的各类收益职能。

三、为区域发展增信

从融资的角度而言，如果把一个片区的开发看作一个大型项目，本区域的土

地开发收益优先用于平衡本区域内各类配套设施的建设，而非由上级财政统筹，实际上是构建出了一个片区内一揽子项目的金融信用。在此基础上，金融机构才能够为片区开发提供融资，否则金融机构的融资就只能依赖政府信用。

从规划落地的角度而言，到新区购买土地进行二级开发的开发商、来新区投资发展的产业企业、在新区购买住宅的居民等，最关注的是新区是否能够按照规划真正落地，而规划落地的早期因素中，是否有充足的资金是最关键的因素，所以，在投融资和资金运用层面的统筹机制，构建出的是规划实施的发展信用。

规划是具有整体性的，而各类项目的投资和实施在常规城市建设管理机制下，是分散的，是不以某区域的完善发展为前提的，要打破这种不足，在新区的开发建设过程中，城市运营商的基础角色就是整个区域的投融资统筹主体，为新区建设提供完整的基础设施和公共服务配套，构建新区发展的信用机制（图 3-2）。

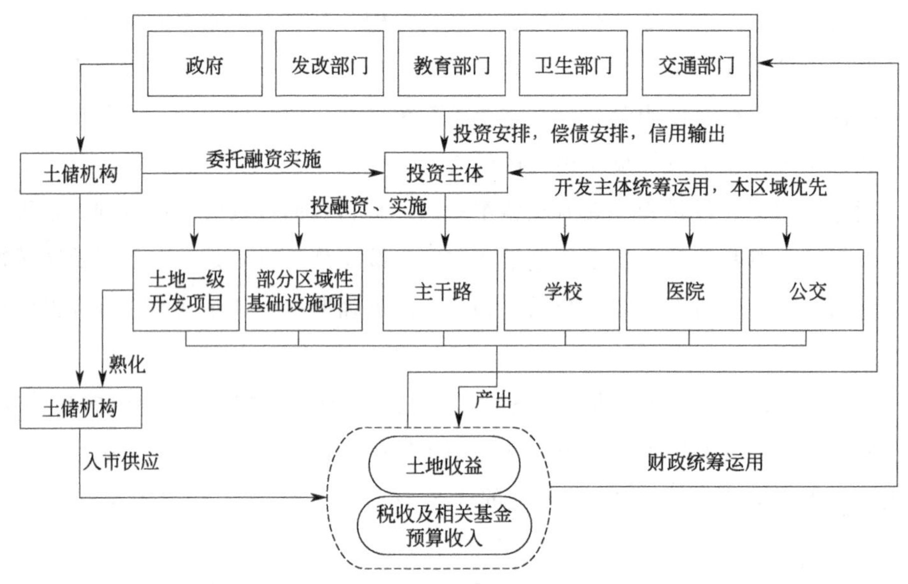

图 3-2　片区优先的资金统筹运用模式

当一个片区的投资开发主体是政府平台公司时，它一定程度上仍会受制于上级政府的行政安排。如果上级政府能够坚定地履行为新区开发制定的资金统筹制度，那么这个平台公司就具备条件转型成为真正的城市开发和运营平台，这也是很多地方政府和平台公司寻求传统平台公司转型路径的一个主要方向。

政府平台公司作为城市运营商的主要不足在于，上级政府在执行政策时的不稳定性。多数地方政府通常不把平台公司看作平等的合作对象，只是当作新区开发在操作层面的载体，不会与平台公司签署严格的投资开发合同，只是原则性地出具几页纸的支持政策。一旦出现上级政府主管领导的更替，上级政府规划了新的重点项目或者由于某种原因上级财政出现资金短缺的情况时，由新区开发的收益为上级政府工作“输血”的情况就很容易出现。新区发展的资金统筹政策就会被打破，平台公司赖以发展的信用结构就不复存在，又回到了靠上级政府“输血”存活的境地。

所以，平台公司的转型能否成功，必须改变单纯作为本级政府附属的地位，要把政府的授权转化为具有执行力的合同，这本质上依赖于上级政府构建市场化投融资体系的决心。

当一个片区的投资开发主体是市场化的投资企业时，企业一定会要求更强的政策执行保障，需要地方政府将这样的制度写入合同，以构建权利、义务和程序上更加清晰的执行机制，为自身的投融资工作以及规划落实提供信用保障。

投融资和资金运用的统筹工作是城市运营商在片区开发工作中的基本角色，但却非常重要，它本质上来源于常规建设管理体制与新区开发规划落实需求之间的差异。

四、产业发展服务：推动区域可持续发展

城市综合运营开发主体的第二个重要角色是产业发展服务，也就是俗称的“招商”。产业发展在地方政府心目中的位置越来越高，因为没有产业的导入，区域的发展就很难实现可持续。

招商工作不容易做，地方政府每年投入了大量的人力、物力，举办各种招商活动，但收效并不那么尽如人意。我们经常会看到媒体报道某地的招商会上签约了很多项目，其中不乏数十亿元、数百亿元的重大产业项目，但细究一下，就会发现这些产业项目的招商协议绝大多数属于框架协议、意向协议，离落地还非常远，真正最终落地的招商项目少之又少。这是当前地方政府对引入城市运营商寄予很大期望的工作之一。

五、架起地方政府与产业企业之间的桥梁

地方政府在招商引资时，喜欢招大项目，因为大项目带来的税收多、就业岗位多，对地方发展的带动力强。但是大项目要落地，通常需要比较长的时间，要买地、要建厂房、要配套不少外围设施，这个过程中，不可避免地要与城市建设管理体制发生密切的互动。

城市建设管理体制经过几十年的发展和演进，到今天为止已经比较成熟了，

但这个成熟是相对的，站在政府管理的角度而言，这个体系的确是相对成熟、流程清楚的，不过对于产业企业而言，却并非如此。

专注于生产制造的企业，对城市建设管理制度和流程并不熟悉，选址、买地、建厂房对于大多数产业企业而言，并不是一项熟悉的专业工作，空间对于产业企业而言，只是生产经营活动的载体。产业企业要在一个片区落地，面对规划、土地、发改、建设、财政、环保、经信等一系列主管部门，要走过沟沟坎坎的一道道程序，最终才能把产业空间建起来，面对这一切不熟悉的工作，产业企业从心理上天然地有畏惧感，特别是当面对并不熟悉的地区和政府部门时，更是如此。

而地方政府的工作人员大多没有真正在企业工作过，极少人管理过企业经营，受限于行政管理的习惯性思维，他们其实很难真正懂得企业的需要和企业家的想法，难免导致地方政府和产业企业在招商洽谈的时候，看起来谈得火热，实际上相互之间并不能真正理解对方。

企业不懂政府，在面对政府的热情时，经常就会提出很多可能导致政府违规的要求，让政府官员左右为难；政府不懂企业，就经常拿出一些看起来让利很大，实际上对企业而言过于笼统或是没什么大用的支持政策。政府和产业企业在这个沟通和推进的过程中做的无用功是很多的。

城市运营商在产业发展服务中的基本工作，就是帮助产业企业顺利地跨越这一系列沟坎，架起政府与产业企业之间的桥梁。这座桥梁可长可短，可以是推介、辅导甚至是代办。其中，比较极致的例子是定制化的产业地产，新区开发的投资企业会按照落地产业企业的需求，帮助其选址、购地、完成产业空间建设。产业企业最终只需要租用或者购买建好的产业地产项目即可，基本上跳过了与政府直接对接的过程。

六、产业配套环境的提供者

通过专业服务，消弭政府和产业企业之间的认知差异及制度障碍，架起两者之间的桥梁，是城市运营商在产业发展服务中的基础角色。在面对更加复杂、专业服务需求更高的新兴产业时，城市运营商还需要进一步承担的角色，则是产业配套环境的提供者。

关于为产业提供配套环境的例子，可以回溯到 20 年前，国内很多软件园区、高科技园区的起步阶段。2001 年，我国刚刚加入 WTO（世界贸易组织），并承诺进一步开放国内服务业，这一时期也是互联网大潮兴起的阶段，大量的国际企业都认识到，IT 化、信息化是企业未来发展非常重要的竞争手段，这些企业大都建立了非常庞大的 IT 部门，并在 IT 技术基础上建立了软件开发部门、数据部门、硬件部门、跨境结算中心等新型职能部门。

这些部门在企业之中起到了必不可少的作用，而且是典型的智力密集型部门，需要大规模的高知识型和高技能型团队来支撑这些部门的运行，人力成本可谓十分高昂。当时我国 IT 专业的大学毕业生薪资水平只有欧洲、美国、日本等发达国家和地区同样教育水平的员工人力成本的 1/10，基于此，很多跨国企业考虑将此类部门迁往中国，降低自身的运营成本。

但迁移企业的重要职能部门到新的地区，重新招聘大量的员工，对于这些跨国企业而言必然是非常慎重的。国内很多软件园区，为了吸引国际企业迁移到中国，在“软”“硬件”两方面都做了很多工作。

在软性服务方面，比较典型的就是人力外包服务。在地方政府的支持下，园区开发运营企业建立人力资源外包服务公司，帮助大型国际企业在本地进行招聘和人力资本管理，大大降低国际企业在产业迁移早期探索阶段的人力资源管理风险，企业只需要投入资本，并派几个核心高管，就可以很快将业务开展起来。

在硬件配套方面，像一些数据中心、计算中心、呼叫服务中心等，需要有非常强的网络和电信基础设施、电力设施、灾备设施、环境设施等强化配置。针对这类企业的特殊要求，很多软件园区、高科技园区建设了定制化、高水准的基础设施和办公楼宇，为企业提供了非常好的落地环境。

早期发展非常好的软件园区、高科技园区，大部分都与国际企业的信息技术外包、商业流程外包、服务职能外包在中国落地有非常大的关联。这一过程中，园区开发企业在产业配套环境和服务上的投入功不可没，并且时至今日，这种需求并未消失或是减少，而是随着科技水平的不断发展，需求愈加强烈。

产业配套设施和产业配套服务不仅大企业需要，小企业更加需要。过去地方政府在发展产业时，都喜欢做大项目，但今天越来越多的地方政府意识到，传统制造业的扩张需求已经严重衰减，未来城市的产业创新、产业发展在很大程度上会依赖于科创型中小企业的发展。

现今，随着我国互联网和 5G 科技的发展，有非常多的创业团队组建了各式各样的探索性高科技企业。这些企业规模小、人员少，在某一领域具有非常强的技术能力，但是没有足够的资本、精力和经验，靠自身内部成长来解决企业发展需要的人力、风控、技术实验平台等各方面的需求，而这些是政府部门所无法直接提供的，专业技术上的要求也是绝大多数地方政府所难以达到的，只有产业发展服务机构能够真正通过公共平台的建设来解决这些科技型中小企业的需求。

七、规模化带来协同效应

前面我们提到地方政府招商不易，还有一个原因就是单一园区的招商难以产生协同效应。地方政府做一个新区的开发，通常会制定产业规划，有明确的产业定位和特定的行业选择。地方政府在通过各种渠道做招商推介时，虽然可以接触到很多企业，但是能否落地需要符合多个条件，首先产业企业要符合本区域的产业定位；同时规模上或者税收贡献上能够达到新区的标准。其次企业要有扩张或搬迁的需求，企业还要在面对众多的选择时有意愿在这个新区来落地。经过这些条件层层过滤，政府推介工作接触到的企业之中，能落地的只是十里挑一，甚至百里挑一，难免显得投入产出比不高。

经过多年的发展，如今相对比较成熟的大型区域综合开发商，正在不同地区、不同城市甚至城市的不同区域，逐渐完成多个产业园区或者产业新城的布局，其中包含不同的产业类型、不同的空间位置、不同的城市特性甚至不同的产业物业类型。在招商时，只要企业有扩张、有迁移、有落地等需求，城市运营商总能帮助产业企业找到合适的区位落地。从招商效率上来讲，地方政府单一园区的招商行为难以达到这样的效果。

在愈加激烈的城市竞争背景以及日新月异的产业技术更替环境之下，地方政府对专业化产业发展服务的需求越来越强烈。对于城市运营商而言，产业发展服务是一项更加具有附加值的工作，但是要做好也并不容易，还需要不断探索和实践。如今，基本上所有的大型城市综合开发企业都已经把产业发展服务作为今后的战略性业务板块加以定位和培育。

八、城市运营商的根基和未来

我们从投融资和产业发展两个主要视角，探讨了城市运营商在片区开发中的角色和作用。城市运营商通过投融资的统筹帮助地方政府更好地建立了一个区域的发展信用，并运用专业服务架起了政府和市场的桥梁。这两个基本的作用，实际上还可以衍生出更多的细分角色，涵盖了片区开发工作中投融资的统筹者、基础设施和公共服务设施的配套者、土地的熟化者、产业招商的服务者、产业配套设施的建设和运营者、产业空间的建设者、片区运行管理服务的提供者等，这些角色可以独立存在，也可以集于一身。

城市运营商的角色是一个很基本的问题，但是重要性却很高。城市运营商的产生、发展和发挥作用，是新区建设打破常规建设管理体制的需要；是解决地方政府的广口径经济发展职能与精减人员配置之间矛盾的需要；是产业技术进步带来的专业化服务的需要。

过去的 20 多年中，但凡建设发展比较好的新城新区，基本上都有一家投资企业在发挥着城市运营商的作用，无论它是政府平台公司还是社会资本。城市运营商的发展深深地根植于中国特色的城镇化实践中，在未来 10～15 年城镇化升级转型的阶段，必将继续发挥重要的作用。

在理解了城市运营商存在的根基和发挥作用的机制后，片区开发投资企业就能够更好地找到自身的发展路径，而政府也可以定位清晰地引入城市运营商并与之建立合作关系。

政府部门应当从财政体制、投融资体制、利益分配体制等多种角度，为城市运营商的服务和发展提供良好的环境，这本质上是在为城市发展提供更好的平台。

第四章
城市综合开发的逻辑

2019年4月，发改委印发了《2019年新型城镇化建设重点任务》，对处于不同发展阶段的城市提出不同的发展要求，这个文件可以是未来10年，中国城镇化后期阶段发展的重要转折性的指引文件。

中国过去30多年城镇化发展，在空间层面上基本上遵循的是增量逻辑，通过新城和园区的建设，为城市和产业的升级打造空间载体。产业园区、产业新城的规划和建设成为城市化的主要手段及载体。增量逻辑在今天仍然发挥着重要的作用，除了少数用地空间已经极为受限的发达城市外，大部分二线城市还处在新区建设的高峰期。

据统计，截至2018年，我国国家级开发区已经有552家，省（自治区、直辖市）设立的开发区则高达1991家，其中河北138家、山东136家、河南131家。

大型投资企业也把新城和园区的建设及运营作为战略升级的重要方向，与一般的投资项目比起来，区域综合开发类的项目，更加具有平台型投资项目的特征，对企业而言具有行业领域探索的潜力。自2015年开始，大型企业参与园区新的投资开发达到了过去20多年来的高峰期。据不完全统计，近3年政府和企业达成投资合作园区、新城项目有近250个，而政府通过下设的投融资平台公司自主实施的新区则更多。

园区、新城的开发虽然被政府和企业认定为城市发展的核心载体，但它是一个非常复杂的系统工程，特别是到了城市化发展的后期阶段，用地越来越难以整合，开发成本越来越高，外部的房地产市场和产业市场的竞争性越来越激烈，对系统性开发和统筹资本运营的要求也就越来越高。

从专业角度而言，区域综合开发是一项多专业统筹的工作，涉及选址、规划、投融资、工程建设、营销运营、招商引资等多个专业领域。

荣邦瑞明总结20多年来帮助政府和企业实施区域综合开发的经验，将各个阶段的方式进行了系统总结，提出了“五十二”字方针：“选址顺势而为、规划多方兼顾、策略统筹全局、分工划清边界、计划是合作抓手、流程是执行依托、财务要对接财政、招商需选好对象”。

区域综合开发的“微笑曲线”如图4-1所示。

一、选址顺势而为

选址是开发过程的第一件事，选址方案没做好，实施起来就会费很大的劲。犹如“男人入错行，女人嫁错郎”。

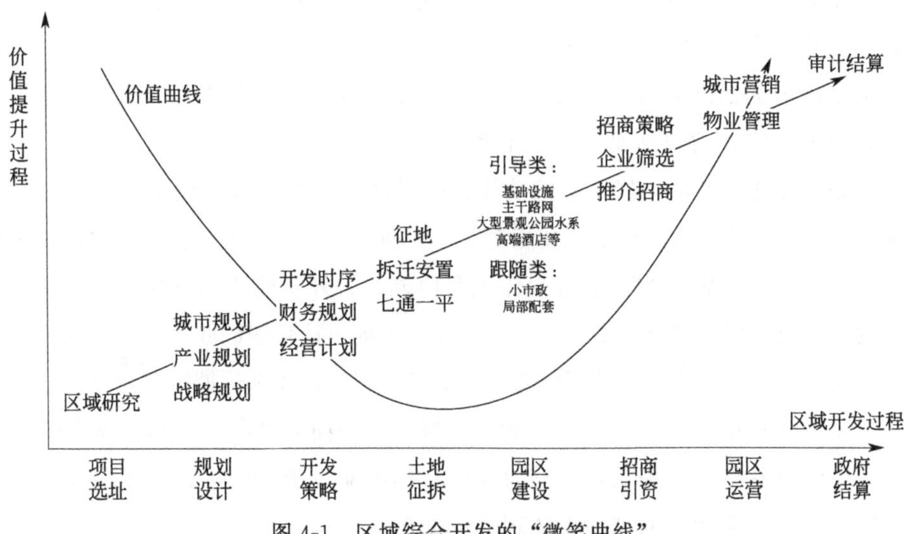

图 4-1 区域综合开发的“微笑曲线”

选址，不仅企业重视，政府更要重视。

从宏观逻辑上，选址需要与城市的发展趋势相吻合，沿着城市的发展脉络选址，多数投资企业会选择借助核心城市的外溢效应和产业聚集效应，在核心城市的远郊区或者邻近区域投资。这是因为城市化高速发展 30 多年后，大多数城市已经有了自己的发展轨迹，背离或者远离城市发展轨迹来造势，是很困难的。

对政府而言，规划新区还要注重与城市的发展基础和发展能力相适应，有的中小城市，四面开花，规划出多个新区，超越了城市的发展能力，反而在城市内部形成了资源竞争，使得企业和居民都无所适从，也难以让区域开发的投资企业树立信心。

从微观逻辑上，目前“一片白纸”的大面积可开发用地越来越少，新规划的新城和园区现状也非常复杂，因此要尽量规避阻碍开发的“硬伤”，至少要尽量避免在启动阶段给开发制造问题。

二、规划多方兼顾

规划是开发工作的本体。城市开发的目的本质上是要实现规划落地，所以规划自然很重要。

规划寄托了城市政府对未来发展的期望，有时难免理想化。

以前有两种说法，一种说法是“规划规划，纸上画画，墙上挂挂”。这一方面指的是规划管理不严肃；另一方面则反映了有些规划脱离实际，没法落实。另一种说法是“规划是法，要严格执行”。这种说法看起来很有道理，但实际上只适用于中短期、局部的规划；不适用于大规模规划，因为城市发展十年、二十年一定会发生很多变化，所以要有弹性空间。

从实施者的角度来看，能实施的规划才是好规划，否则规划立意再高也没有意义。而面向实施的规划要讲究三个兼顾。

一是兼顾功能平衡。规划中的功能指的是商住功能、基础设施配套和公共服务功能、产业功能。这三种功能要相对总体平衡，规模配比上要协调，也就是很多城市探讨的“人、城、产”，相互总体上要协调。另外功能协调也要兼顾投入产出的协调，区域综合开发近、中期的产出主要是土地出让带来的收入，中远期则要依赖产业税收，功能配比失调的新城要么近期启动困难，要么远期难以持续。

二是兼顾近中远期产业升级的能力。规划是面向未来的，但是新城和园区的开发需要十年甚至更长周期，启动阶段的目标不能过于超前，否则实践起来很困难，这一点在产业功能的规划上体现得更加明显。

三是兼顾用地现状和整体性目标。“现状”指区域开发时的用地基础，对于大多数城市，如今的征地拆迁成本越来越高，开发已经进入了高投入、高产出的阶段，大规模整体性的实施越来越困难，而规划要做得漂亮，有时候很强调整体性，从实施角度而言，组团式的规划实际上更便于开发者操作。

三、策略统筹全局

开发策略指在区域开发中，投资怎么安排，资金如何运用，应该先做什么，后做什么。整个新区的投入产出的节奏和规划落地的具体步骤如何布置，怎么能让新区提升价值。通俗一点讲就是开发时序。

城市规划注重的是空间功能的完整和协调，相对来讲，它整体性比较强，而实施过程则是一个项目一个项目来落地。整体的规划和独立的项目之间，在实施过程中需要在资金运用层面上进行统筹安排，我们把这项工作叫做投融资规划，它架起了规划和建设之间的桥梁，投融资的可持续实际上规划出的是新区发展的信用价值。

开发策略是统筹整个区域开发操盘的核心载体。那么投融资规划或者开发策略实际统筹的是什么？主要有三个方面。

一是统筹政府和企业的诉求。通常而言，政府更加关注形象进度，而投资企业则关注风险控制和自身的投资承受能力，诉求不一样，自然开发逻辑就不一样，就需要统筹。统筹就需要有更高层面的视角，来兼顾双方的诉求，这个视角就是如何提升城市的价值。

二是统筹发展目标和市场接受能力。区域的开发投资速度需要契合城市的发展速度，如果没有外部环境的重大变化，那么一个城市的发展速度通常不会发生飞跃性的变化，因此在制定开发策略时，不能只讲求目标高远，更要讲究发展基础。要超越当前的基础，则还需要带一点策划性的思路。

三是统筹资本整体运用和分散的项目投资。规划是一个区域开发的整体策略，在实施中会转化为很多项目，每个项目都是资本落地的具体载体。但从财政应用或是企业总体投资的角度来讲，是投融资的管理要讲求整体性，资金不能断链，每个项目单独去研究很容易忽视整体的投融资风险，因此需要用资金来统筹整体的规划和分散实施间的关系。如果投入产出节奏把握不好，时序安排不当，很容易出现资金断链，规划实施到一半就无法推进了。

说到开发策略必须要提到一个词叫“滚动开发”。滚动开发是政府和企业都接受的一个理念，是控制投资风险和降低投资负担的手段，但是怎么滚动起来，什么时候能滚动起来，需要有明确的投资纪律来约束，不能停留在理念层面上，这一点上政府和企业都要有自己的底线。

对政府而言，财政的现金流不能断链，对于企业而言，投资纪律的指标更多一些，包括高峰投资额、现金流回正时间、收益率水平等。

开发策略在面向发展、从提升城市价值角度思考问题时，也要符合政府和企业双方在资金运用层面的底线。

既然要兼顾这么多方面，那么投融资规划或者开发策略的制定，自然不是一个单方面就能够决策的事情，它需要政府、投资企业和专业机构共同设计，反复验证，并在实施中不断反馈和优化。

投融资规划的制定逻辑如图 4-2 所示。

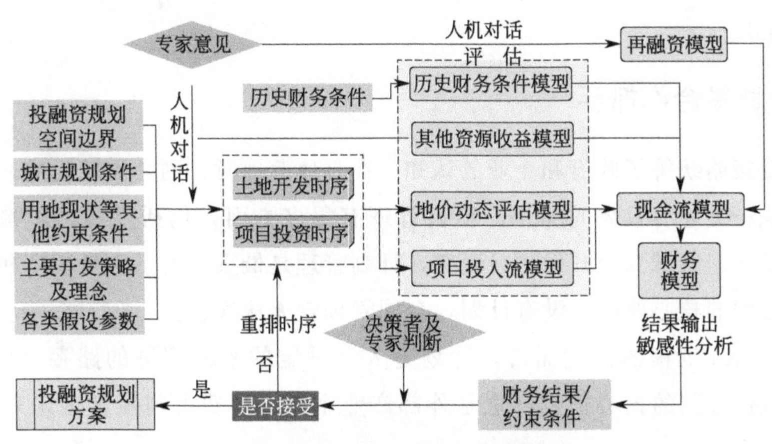

图 4-2　投融资规划的制定逻辑

四、分工要划清边界

开发策略是针对新区开发整体制定的，还需要政府和投资企业共同来实施，所以还要强调分工（图 4-3）。

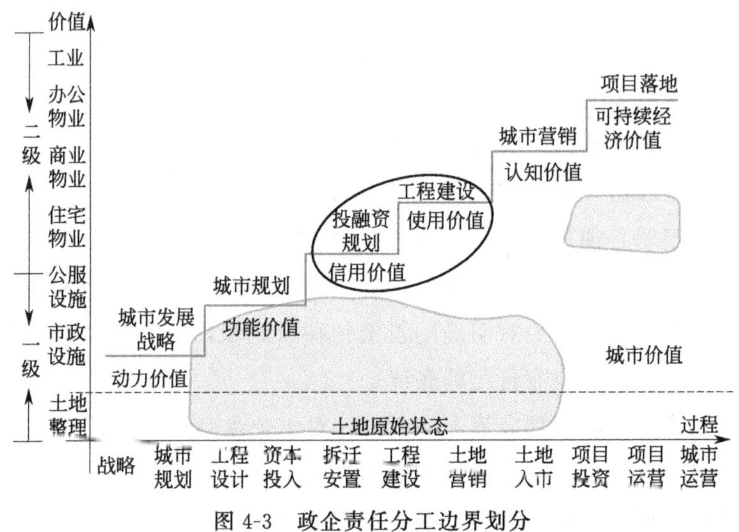

图 4-3　政企责任分工边界划分

分工看似简单，但分工要求站在系统的角度理解政府和企业的关系。城市开发是一个系统工程，在城市这个开放系统里，政府的责任趋近于无限，而投资企业（无论是平台公司还是市场化企业）则需要建立一个有限的、封闭的系统。

因此，投资企业要与政府之间划清边界，包括空间边界、项目边界和事责边界。这样才具备合作管理的条件和基础，否则就容易互相侵犯，总觉得对方“铲了自家地皮”。

五、计划是合作抓手

开发策略统筹了政府和企业的认知，在具体落地时，则需要转化成一系列的计划，执行上才有具体的抓手。项目管理有很多方面，包括质量、采购、营销等，但是对于区域综合开发项目而言，计划管理是最重要的，它是政府和企业双方执行合同的核心要件，没有计划，合同管理就无从谈起。

站在系统工程的角度而言，计划是人为设定的系统演进的路径（图 4-4），是双方执行合同的核心依据，也是外部产业企业、消费者判断新区未来发展的基础。

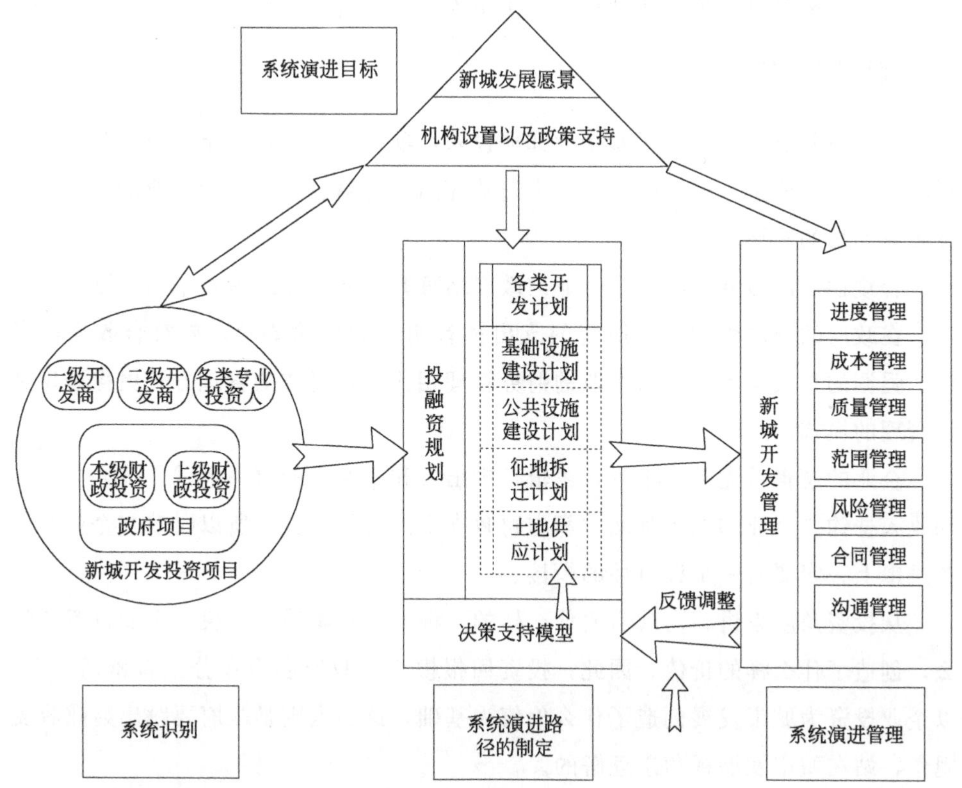

图 4-4　计划是系统演进的路径

六、流程是执行依托

政府的各个部门和企业的各个部门之间有频繁的交互，这使得区域综合开发项目的合作比一个单体项目合作要复杂得多，所以执行还需要有流程。

在城市建设的政策体系里，不管是新的区域的整体规划运营，还是规划之下每一类子项目的建设运营，所依赖的流程主要都是站在政府主导实施的角度制定的，有相对固定的流程。

企业在做片区开发运营时，实际上是把政府操作的所有事项切分出来一部分交给企业去做，所以需要清楚哪些部分被切出来了，切出来的部分又该对接在哪个位置上，怎样才能对接好。

这其中的关键，一方面是企业一定要理解政府管理的方式方法，积极主动地了解如何与政府做好衔接工作，否则政府会按照自己的流程进行，而企业会觉得很被动，总认为政府侵犯了自身的权利；另一方面对于政府而言，要放下一切按照自己的流程来的习惯，要适应企业在这个过程中的介入。

设计清楚双方衔接的流程，有助于增进双方对合作的理解。

七、财务要对接财政

在区域开发项目中，不管企业如何投入，项目的产出包括土地出让收入以及税收收入，都要进入财政收入，再由财政部门支付给企业，作为企业的成本回收及投资回报的来源。

合规性是区域开发项目中企业与政府结算时，要遵循的最基本的原则。

在政府的财政管理中，所有的支出都有明确的用途要求，要符合收支两条线，强调的是收支平衡，与企业的财务管理相比较，财政的管理方式更像是现金流管理的模式。

企业的逻辑首先是成本收入逻辑，投出去和收回来的每一笔钱，都要与成本和收入挂钩。企业的投入和回收都与财政支出的科目有关，所以财政与企业的财务逻辑上一定要有一个针对性的衔接。

从投资角度来讲，向政府要什么样的一种回报？本质上取决于企业投资了什么，创造了什么样的价值。因此，投资回报模式与政府和企业分工有密切关系，以企业投资为城市发展创造了什么价值为基础，这一点则是政府要跳出财政收支视角，站在城市发展视角来理解的。

八、招商需选好对象

招商是一个竞争的过程，是市场化行为，产业企业能否到一个新的区域落地，最终讲求的是“你情我愿”。因此招商工作没有百分之百的成功，甚至成功率并不太高。

尽管如此，怎么做最有效，还是有一些规律可循的。要提高成功率，就要明白企业关心什么，需要什么，有针对性地去推介。

产业企业愿意到一个地的区域落地，原因多种多样，简单归类，落地的企业大致有几类情况。

一是迁移型企业。持续经营中的企业从原先经营的地址，迁移到一个新的区域，通常考虑的是更低的成本、更好的服务，既然是持续经营中，那么迁移通常是就近选址，因为一下子走得太远了，原有的经营环境、政府关系、市场要素等容易发生太大变化，所以在招商的时候，招这类企业不必全国到处跑。

二是扩张型或是布局型企业。一家企业在外地设点或建厂，要么是为了更贴近区域市场，要么是要利用当地的要素资源，所以向这类企业进行推介的时候，要理解这些企业经营的特征，把企业关心的问题表达清楚。

三是新设型或是创业型企业。这类企业更加注重服务要素、技术平台等，更迭也更加频繁，政府可以借助专业的“孵化器”或是产业培育商来招商，自己做未必效率高。

四是高精尖型企业。这类企业是各地方政府争夺的对象，除了基本的经营要素外，他们还需要区域有足够的形象支撑，落地条件还需要一事一议。对于这种类型则总结规律比较难，更需要园区、新城开发时提高整体的开发水准。

招商是一件很有难度的事儿，尽管是市场行为，在区域开发时，还是要从一开始就尽可能地明确目标，定出招商策略，避免“脚踩西瓜皮”。

综上所述，不难看出，城市综合开发运营是一个多专业集成的系统工程，地方政府和投资企业都应当建立城市开发的系统观，这将有助于未来十年中国城镇化的真正升级。

第五章

区域综合开发之规划为本：以实施为目标的统筹兼顾

在《城市综合开发的逻辑》一文中，讲到区域综合开发是多专业集成的系统工程，而规划既是城市综合开发工作的起点，也是开发工作的对象，所以我们讲规划为本。

那到底应该如何理解“规划为本”呢？一方面是根本依据；另一方面是开发工作的本体。所以规划做得好不好，对开发工作的顺利推进影响很大。

一、规划：不只是空间的，更加是经济的

城市规划在中国城市化过程中的实践，已经有几十年的时间，从技术上讲，规划已经有比较成熟的方法体系。

但规划理论和方法也不断在随着城市发展的阶段而变化，建设理念也在发生着变化。在20世纪90年代，招商引资发展工业是国家经济发展的主要基调，因此各地方规划的工业园区就比较多。90年代末期，像北京这样的大城市，政府部门已经开始意识到过于集中的城市功能布局带来的“大城市病”，于是开始规划“卫星城”，疏解中心城区的人口，但“卫星城”只解决了中心城市人口在郊区居住问题，“钟摆式”的交通，仍然难以解决中心城区人口过密的问题。于是以职住平衡为目标的新城规划开始登上城市建设的舞台，并引领着全国新城规划的热潮。大规模的片区开发也在此过程中随着规划理念的演进而不断变化。

在城市建设过程中，“规划”承担着总结历史、指引未来建设方向的一个基本作用。如今城市建设有很多创新，除了产业新城之外，大规模老工业区开发改造、特色小镇建设等都在以规划为基础进行研究。

城市规划的成果，最主要体现出的是空间功能布局，对空间的研究通常受重视程度最高。在规划实施时，规化空间从乡村变为城市，则承载了更多的经济内涵。所以从实施角度而言，规划更加是经济的，甚至是社会的。规划得好坏，影响是非常综合的。

举几个现实中的例子，可以更好地明晰这一点。

例子一：规划影响着人口的城乡变迁。城市规划总是有边界的，在一个新区规划时，一条线画下去，线里是城市建设区，线外则保留了乡村的原貌。有时就会出现一个村庄被划分成了两半，一半的村民被拆迁上楼，从此成为了城市居民；另一半仍然保持原来的状态。原本生活轨迹相似的一群人，就此走上了不同的人生道路，隔路相望。有时一个村庄的农田被划进了城市建设范围，土地被征收了，而村子集中居住区还在城市建设区之外，按照征地的要求，被征地农民要转为城市户口。但因为没拆迁，仍然住着宅基地的房子，从此变成了双重“身

份”，待规划完成之时，城边村也就产生了。

例子二：规划影响到投资开发的难度。新区各种配套设施的建设水平决定了这个区域的土地价值和居民享受的服务水平。如一个新区中央规划了一个大型的中央公园，而公园规划在人口密集的村址之上，要想提升这个区域的开发价值和市场预期，则需要尽早把公园建起来，可这样一来，前期的拆迁和建设至少要投入数十亿元，对于一般的地方政府而言，是非常困难的；如果把中央公园的修建工作延后，那么前期开发出来的土地，都缺少比较高等级的配套，价值难以提升，而且越往后延期，拆迁成本就会越高，公园的修建难度也就越大，最终多半要变成“纸上公园”。

例子三：规划影响到产业发展的步骤。现今，产业的发展代表了城市发展升级的方向，越来越受到地方政府的重视。因此在城市规划中，产业用地占的比重越来越高。一个郊区新城在启动区规划了连片的商务办公用地，要为城市建设一座新的 CBD（中央商务区），这代表了地方政府的一种发展期望。但是在缺乏配套和人气的郊区要建一个高端商务区，付出的成本是高昂的，成熟周期和回收周期也将会很长，负责招商的人也会非常艰难，带了一拨又一拨的投资企业来看项目，签下一个又一个意向协议，却很难动工，收效甚微。

这都是现实中存在的事实，也并不鲜见。从这些例子中不难看出，规划不仅是空间的，更加是经济的、社会的。它承载的是城市化过程中人口、土地、资本、产业等一系列要素的变化过程。简而言之，规划最应当是面向实施的。实施角度存在障碍的规划，不是一个好的规划。

做好一个规划，不仅是规划师的责任，还需要地方政府、投资企业、规划实施顾问和专业规划师的共识。

二、“多规合一”的时代来临

2019 年 5 月 23 日，《中共中央国务院关于建立国土空间规划体系并监督实施的若干意见》中强调了“多规合一”的概念。5 月 28 日，自然资源部发布的《关于全面开展国土空间规划工作的通知》，空间规划的管理，正在步入一个新的时代。

这里的“多规合一”不同于之前业界经常提到的“三规合一”。

“三规合一”的三规，指的是国民经济和社会发展规划、城市总体规划及土地利用规划。

国民经济和社会发展规划是全国或者某一地区经济、社会发展的总体纲要，是具有战略意义的指导性文件，编制周期为5年，通常是由发改部门牵头组织编制。

城市总体规划指城市人民政府依据国民经济和社会发展规划以及当地的自然环境、资源条件、历史情况、现状特点，统筹兼顾、综合部署，为确定城市的规模和发展方向，实现城市的经济和社会发展目标，合理利用城市土地，协调城市空间布局等所做的一定期限内的综合部署和具体安排。不同城市的“筹备-编制-上报-批复”时间长短不一，通常由规划部门组织编制。

土地利用规划是指在土地利用的过程中，为达到一定的目标，对各类用地的结构和布局进行调整或配置的长期计划。其一般分为全国性、区域性的总体规划和生产单位内部的土地利用规划两种，通常由国土部门组织编制。总安排通常为15年。

在传统模式下，“三规”各有不同的管理目标和管理手段。国民经济和社会发展规划确定的是阶段性目标；城市总体规划确定的是功能空间布局；土地利用规划更多的是建立用地保护约束，因此在城市规划实施过程中这“三规”之间难免产生不匹配之处。对于“三规合一”的呼吁也源于此。

但实际上“三规合一”只是一种理想状态，经济发展目标在不断升级和调整，空间规划总是滞后于发展规划，所以要想完全“合一”是很难做到的。

这次新政中提出的“多规合一”，即建立国土空间规划体系并监督实施，将主体功能区规划、土地利用规划、城乡规划等空间规划融合为统一的国土空间规划，实现“空间”层面的“多规合一”，在国土规划管理上是一个重要的尝试。尽管这次的“多规合一”没有将发展规划纳入其中，只强调了空间规划，但是其中涵盖了作为发展规划落地载体的城乡规划，必然对发展规划的落地产生强约束。

从这个意义上讲，空间规划的经济属性并没有削弱，而是更加强化了，对未来的城市建设会起到更强的约束作用。因此在“多规合一”时代，从起步开始，管理部门和规划者就应当更加重视规划的可实施性，特别是涉及城市建设部分。

三、规划的可实施性评价为何越来越重要

从实施者的角度而言，一个好的规划必须是一个有利于实施的规划，否则规划编得再漂亮、立意再高，也是毫无价值的。这一点在城市化发展到中后期的阶段，变得尤为重要。

地方政府和编制规划的专业机构，必须真正意识并理解这一点，今天的城市

建设环境，与十年前相比，已经发生了重大变化。

一是城市之间的发展关系更加趋向于竞争。在经过30多年的高速发展之后，常住人口普遍增长的城市化时代已经结束，城市之间对于人口、产业等城市化核心资源的竞争日趋激烈，规划的实施不再是以往按部就班的开展过程，竞争性环境带来的不确定性是必须要加以考虑的。

二是城市化成本越来越高，投融资工作的难度越来越大。对于大多数处于建设高峰期的城市而言，成片的待开发用地越来越少，待拆迁的村庄和工厂密度比以往更高，拆迁成本比过去十年高得多，获取占补平衡指标和建设用地指标的成本也成倍增长。以往1平方公里的征地拆迁和基础设施投资，大约可以控制在10亿元以下，如今投资强度普遍要达到20亿元的水平，才能够完成一个区域建设。

简而言之，大部分二线城市的建设，正在步入一个高产出（地价水平提升）但投入更高的阶段。而在严控地方政府债务的政策环境之下，地方政府的融资能力受到了很大的限制，尽管土储专项债券的发行给地方政府的土地开发开辟了一条新的融资渠道，但是其能够提供的支持力度仍然十分有限。理论上来讲，一个片区通过土储专项债启动几块土地的收储工作，就可以逐渐实现滚动开发，实际上，没有数十亿元的大规模整体投入，新区的开发是无法启动的，而这个体量的融资，对于大多数地方政府而言，是难以实现的。

三是产业升级换代使得产业发展工作面临更多的不确定性。在过去的30多年中，由于差距，发达国家的产能转移、服务外包以及本土制造业的发展，使地方政府的招商工作有比较大的施展空间。这些产业大多有现成的样板可以参照，易懂好学。

而今天，传统产业的产能已经基本饱和甚至过剩，新的产业概念层出不穷，如5G、物联网、大数据、人工智能、工业互联网、区块链等。这些概念的科技含量越来越高，发展潜力尚未得到验证。换言之，对于大多数地方政府的管理者而言，这些概念像天上白云一样，看得见摸不着，难以落地，因为即便是业内人士也不易说明白。但这些产业在空间规划编制工作中占有越来越大的比重，不得不说是一个很大的挑战。

前段时间，我陪同投资企业去华东地区的某城市考察一个新区的开发项目，向当地政府了解控规的编制情况，主管部门的政府官员拿出厚厚的一本规划，表示有控规，但没有正式审批，准备边实施边审批。

当时有专家质疑政府的规划管理方式不够严肃。这位主管部门的政府官员表示，近年的经济发展形势变化太快，要一次性审批确定很大范围内的控规，感觉难以做出这样的决策判断，一旦审批通过了，再调整又是一个非常繁复的过程，所以只能编了先不批，视开发情况逐步审批、调整。

作为专门研究规划实施的从业者，很能体会地方政府在城市规划实施中所处的困境。

因此在倡导“多规合一”、空间规划的地位得到进一步强化、城市管理更加趋于刚性的政策发展阶段，凡是涉及城市规划、空间规划的编制者和决策者更应当深刻理解竞争加剧、实施成本高昂、产业变革迅速的时代背景，充分意识到规划落地面对的复杂性，在规划之初就把规划的可实施性作为基本的出发点加以研究。

四、规划要做好“三个”统筹兼顾

那么从实施角度来看，什么样的规划，算是一个相对好的规划呢？

在过去的20多年中，我们曾帮助地方政府和投资企业，研究和跟踪过超100个新区的规划实施工作，总结下来，一个好的规划主要需要做到三方面的统筹兼顾。

一要统筹区域的土地功能平衡。从经济产出角度来讲，规划中的土地利用功能可以大致分为商住功能、产业功能以及基础设施配套和公共服务功能，这几类功能对应了我们常说的“人、产、城”几类核心要素。从规模配比上它们之间要做到协调，这个配比的空间范畴不宜过大，最好每5～10平方公里的空间单元上都要做到配比平衡，否则在局部开发上就容易遇到投入产出的障碍。

为什么要提出功能平衡的要求呢？在区域开发工作中，近、中期的产出主要是土地出让带来的收入，中、远期的城市运行则要依赖产业税收的支持。目前没有金融产品可以长期支持一个大规模区域的投入，因此还是要靠区域本身的产出来实现滚动开发和阶段性的现金流平衡。功能平衡首先是为了规划实施过程中的资本投入创造条件，资本投入的来源无论是财政资金还是社会资本，皆有这样的需求。

二要统筹近、中、远期产业升级的能力。地方政府和规划编制单位都倾向于把规划作为未来城市发展的蓝图，所以常常导致规划面向未来考虑得多，过于理想化，而忽视了城市近期的发展基础和承载能力。

这一点在产业定位和布局上体现得更为明显，规划中的产业功能常常是超越当前城市发展阶段的，理想中的高端产业、超高建筑过多，导致实施起来非常困难。在规划产业功能时，一定要先进行发展基础研究，再考虑产业升级目标，研究城市可落地的产业是什么，近期要发展什么产业，远期要发展什么产业，以及如果产业发展不起来，有什么缓冲措施来解决。

特别是在当前外部贸易环境严峻与产业转型升级并存的时期，产业发展规划的编制，就显得尤为重要。

三要兼顾规划的整体性和复杂的土地现状。一个“漂亮”的规划通常功能布局的整体性很强，路网横平竖直，布局环环相扣，但整体性越强，对前期投入的要求越高，而复杂的土地现状和高昂的征拆成本，常常不支持大规模的整体开发，这超出了实施者的投资能力和推进能力。

所以当土地状况复杂时，一个好的规划应当适当地“屈就”于现状基础，降低开发难度。

综上所述，规划是城市开发工作的基础，伴随城市化的新阶段，空间规划工作也正在步入新的时代。在区域综合开发工作中，“规划为本”主要体现在为实施创造好的基础，为资本的投入创造条件。在规划编制中，应当把规划从投资角度的可实施性作为前置性的评价内容，这样才能真正做到面向实施的“规划为本”。

第六章
何为 ABO

近期，伴随着在地方政府城投公司转型发展、片区综合开发等领域的探索，ABO逐渐成为一个热词，引起了众多观点不一的探讨。

ABO实际上是英文“Authorize-Build-Operate”的首字母缩写，翻译成中文就是“授权-建设-运营”或者“授权经营”的意思。在地方城市建设的实践中，比较有代表性的做法，是地方政府通过直接授权的方式，将城市建设某个行业、某个片区或者某个重大项目的建设和运营工作，交由本级政府下属的国有投资公司，并给予必要的资源和财政支持。这一揽子的授权和支持政策，通常体现为地方政府与城投公司之间签署的“授权经营协议”。

“授权经营”的做法，之所以引起热议，主要是在严管地方政府债务的背景之下，作为一种带有创新探索性质的实践，它还有不少在现有的政策框架之下，难以清晰界定的问题，例如：城投公司为何可以不经过竞争程序直接获得项目的投资权；“授权经营”模式下地方政府对项目的财政支持究竟算不算政府隐性债务；“授权经营”与政府购买服务是什么关系；前有发债、后有PPP的制度框架下，“授权经营”是否有存在的必要等。

要对这些问题进行系统的探讨，让我们从“授权经营”（ABO模式）是怎么产生的说起。

一、 ABO从何处来

从非常有限的公开资料上，我们可以了解到，ABO模式来源于2016年北京市轨道交通行业的一项投融资体制创新。

2016年，北京市交通委代表北京市政府与北京市基础设施投资有限公司（以下简称“京投公司”）正式签署了《北京市轨道交通授权经营协议》，该授权经营协议结合了北京市轨道交通实际情况，创造性地提出了“授权-建设-运营”的ABO模式。即由北京市政府授权京投公司履行北京市轨道交通行业的业主职责，京投公司按照授权负责整合各类市场主体资源，提供城市街道交通项目的投融资、建设、运营等整体服务，并且在授权经营协议中，以授权经营费的形式，约定了北京市财政给予京投公司的一揽子资金支持政策。

ABO模式为何会在这样的一个时间点上产生？它是凭空创造出来的一个模式吗？它仅仅是为了应对2015年前后国家对于地方政府平台公司融资行为的政策约束吗？要说清楚这些问题，需要我们回溯到京投公司诞生的2003年说起。

2003年，正值我国投融资体制改革的高潮时期，也是地方政府平台公司快速发展的起步阶段，亦是北京市轨道交通建设大发展的开端。彼时，北京市已经有了地铁 1 号线、2 号线、八通线等几条主要的线路。为了提高轨道交通领域的投融资和建设运营效率，2003 年，北京市将当时的北京地铁集团拆分成了京投公司、地铁建管公司和地铁运营公司，形成了后来运行十余年的三分开体制。

同年，北京市出台了《关于本市深化城市基础设施投融资体制改革的实施意见》，在投融资体制改革精神的指导下，赋予了京投公司作为北京市地铁行业的投融资平台职能。

在迎接奥运以及建设国际化大都市的背景下，北京市将轨道交通建设作为城市发展的战略性举措。2007 年前后，围绕北京市轨道交通线网规划的落实，作为行业投融资平台的京投公司、作为行业主管部门的北京市交通委、作为基础设施投资管理部门的北京市发改委以及北京市财政局，针对未来十年轨道交通线网建设的资金需求缺口做了一个整体的测算和投融资规划，评估结果显示，未来十年大致有 1000 亿元的资金缺口，需要政府财政予以支持。

要让京投公司真正发挥行业投融资平台的作用，多渠道筹集资金，那么北京市财政局就需要对这 1000 亿元的资金缺口，给予明确的支持政策。站在财政中长期预算安排的角度，一个稳定和均匀的财政资金支持计划显然更符合财政资金安排的便利，于是，北京市发改委和财政部门，决定每年给予京投公司 100 亿元的资金支持，由京投公司统筹用于轨道交通建设，根据各条线路建设的需要，作为资本金或者是用于偿还贷款等，自行平抑各年度资金需求的波峰和波谷。

那么北京市以何种方式将这些资金支持给到京投公司呢？这又要与政府的固定资产投资体制相联系了。

在传统的政府固定资产投资体制下，财政部门对于政府有投资责任的基础设施，通常有四种支持手段，即资本金出资、投资补助、贴息和直投。

资本金出资，主要针对经营性项目，政府向基础设施项目的法人主体注入资本金，使其有能力在此基础上通过银行贷款等渠道筹集项目建设资金，完成项目的投资、建设、经营和还贷的过程。

投资补助，主要针对靠项目经营无法完全收回建设投资的准经营项目，政府将建设投资中无法靠经营收回的部分，以投资补助的方式拨付项目法人，使其有能力进一步筹资完成项目建设。投资补助在上级政府对下级政府的项目专项转移支付中也多有应用，此处我们不做探讨。

而轨道交通属于典型的准经营项目，对资本金和投资补助的需求并存。实际上，北京市每年拨付给京投公司 100 亿元支持资金，从支出类别上看，一部分是资本金注入，一部分是投资补助，资金来源则一部分来自北京市土地批租收益

（也就是我们常说的土地出让收入，在北京市的投融资体制下，由市级发改部门统筹安排，此处不做详述）归属市级财政的部分，一部分来自市级财政的一般预算收入。

有了这样的支持政策，实际上为北京市轨道交通线网建设（而不是某一条轨道交通线路）注入了发展信用，京投公司借助政府的资金支持、北京市轨道交通线网带来的海量客流和三产收益，快速地通过各种渠道，为北京市轨道交通建设筹集了巨量资金，在融资市场上获得了很高的信用评级。

后来伴随北京市轨道交通线网规划的修编和扩张，在重新评估和规划后，北京市将对于京投公司的支持资金规模逐步提升到了每年 150 亿～200 亿元。

2015 年，国家政策提出“取消融资平台公司的政府融资职能”，这使得京投公司在上一个十年中，依赖北京市的政策支持，以轨道交通领域政府投融资平台身份在市场上融资的方式面临尴尬的境地。必须找到更加合规的模式，来取代原本依靠政策文件获得支持的方式，维系自身在金融市场上的评级地位和融资能力。

于是，我们看到在 2016 年，北京市交通委代表北京市政府，与京投公司签署了“北京市轨道交通授权经营协议”，授予京投公司北京市轨道交通行业业主的职能，以及一揽子的授权经营服务费的安排，取代了以往以政策文件方式给予资金支持的形式。

ABO 模式从此浮出水面。

二、 ABO 模式究竟是什么

ABO 模式出现以后，显得很神秘，因为官方并没有给出详细的解读，外界也无法确知“授权经营协议”中究竟写了什么，因此尽管引起了短暂的热议，最终对 ABO 模式究竟是什么，业界也并没有达成具体的共识，只留下来许多问号。

随着近期 ABO 模式在城投公司转型、片区综合开发和城市运营项目等热点领域的实践探索，当年留下来的问号再次变成了业界热议的问题，大家都想弄清楚 ABO 模式究竟是什么？究竟是违规的还是合规的？究竟应当怎么用？

对于这些问题，笔者认为首先要避免“就是融资平台、换汤不换药”之类的一言以蔽之的简单粗暴认定，需要多视角、立体化地进行探讨。

以北京市轨道交通行业的原创探索为样本，我们可以从前面 ABO 模式诞生之前的一系列动作一窥究竟。

问题一：京投公司为什么可以获得政府的直接授权？

在 ABO 模式下，京投公司被视为北京市轨道交通行业的业主，并获得相应的政策和资金支持。为何它可以直接获得这项权力？我们不妨从城市建设管理体制的发展历程入手回溯三十年。

三十年前，我国还处在计划经济时期向市场经济转轨的阶段，城市建设投资体制在计划经济阶段，所有基本建设项目都是自上而下的一种程序安排。

而在计划经济向市场经济转型的过程中，政府逐渐退出了市场化的经济领域，但发展城市和建设基础设施仍然是政府职能。与此同时，政府职能也从包办型“大政府”向服务型“小政府”转变，政府职能有很大一部分操作性职责需要实体去承接，专业化程度也越来越高。

20 世纪 80 年代原国家计划委员会提出了一套基本建设规程，形成了包括项目的可研、初步设计、施工图设计、招标、工程施工等工作内容在内的一系列建设程序，以更好地实现政府的基本建设职能。

同时，为了减少项目建设中存在的各种问题，真正把责任落实到主体，1992 年，原国家计划委员会印发《关于建设项目实行业主责任制的暂行规定》，提出了基本建设项目需实行项目业主制的要求。

这里的业主不是一个主体，而是一套班子。即在基本建设项目上马时，组建一套班子作为该项目的业主，具体负责项目的建设、设计、规划等工作，把责任落实到业主身上，让项目有人负责。

1996 年原国家计划委员会印发《关于实行建设项目法人责任制的暂行规定》的通知，业主责任制被废除。

项目法人制要求基本建设项目在建设时，需要成立一个现代意义上的公司充当项目法人，用以统筹项目的投资、筹资、建设、设计、工程管理等工作。最早的一批项目法人经过不断发展，衍变成了今天的城市建设投资公司或是更具有行业特性的水务公司、环卫公司等，这些公司其实是政府在逐渐回归行政管理角色后，把发展职能和操作职能交给实体的过程中而产生的，它是政府职能在操作层面的延伸，也可以看成是政府发展城市的代理人。

从中共中央办公厅、国务院办公厅印发《关于推行地方各级政府工作部门权力清单制度的指导意见》（中办发［2015］21 号）以及各地方政府公布的权力和责任清单中，我们也可以从另一个侧面看到这种关系，政府的行政权力和责任来自各类法律法规的授权，其中非行政权力类的、发展和建设城市的操作性职责，当然可以由地方政府向自己的代理主体直接授权，这是地方政府不言自明的权力。

所以，从京投公司与政府的关系角度而言，京投公司不是社会资本，尽管行为上它仍然按照现代企业制度和市场规则运行，但是它在北京市轨道交通线网建设这件事儿上，与政府有高度一致的目标。

从这个意义上说，ABO 模式不属于狭义概念下的特许经营，当然也不是 PPP，北京市交通委与京投公司之间即便存在考核，也不存在政府与社会资本之间的议价关系。

换言之，就直接授权这一行为而言，ABO 模式并不是什么新鲜事物。中央和地方政府在一些重大项目上，直接组建公司、给予专项资金支持和政策支持，授权国资主体实施项目投资、建设和运营本就是普遍存在的现象，无论它是否被套上了一个 ABO 的名字。

如果一定要将 ABO 模式与现有的制度挂钩，那么它可以看作是项目法人制的升级版。它的升级主要体现在两个方面：一是被授权主体不是某一个具体项目的法人，而是一揽子规划项目的总体业主，是政府发展城市的职能在中观层面的统筹载体；二是这种授权体现为协议的形式，而不是简单的一纸批文，政府不仅授予了权力和责任，同样给予了稳定的支持保障，这是传统批文式的项目法人制一直未能实现的。

问题二：京投公司的融资行为是政府隐性债务吗？

这是业界普遍关注和热议的问题，既然京投公司为轨道交通建设而开展的融资行为，其信用基础除了轨道交通本身的经营收益外，也包含了政府一揽子授权经营费的支持，那么京投公司的债务是否算是政府隐性债务？ABO 模式下政府投资主体的融资行为，是不是“换汤不换药”呢？

我们在前面回顾了北京市轨道交通领域投融资政策演变到 ABO 模式的过程，其中最关键的部分就是财政部和发改委对轨道交通支持政策的设计，它与 ABO 模式的产生是具有延续性的。我们从预算安排的角度，可以将其总结为三方面的特征。

第一，这种模式基于财政预算的主动安排。

北京市给予京投公司一揽子的资金支持，是一种在既定战略性建设任务（以轨道交通线网规划实施为评估基础）目标下的主动性、中长期预算安排，而不是传统融资平台模式下，未考虑财政预算能力的平台融资行为导致的政府偿债行为。

财政部门并未针对任何金融机构或者具体的融资行为做出兜底的安排。

第二，这种安排的本质是一种发展信用。

这种安排的目的，不是简单地为了某一个项目的融资而安排，而是为了给轨道交通领域注入充分的发展信用。这种发展信用的主要体现，就是行业发展所需要的资金由行业的业主在财政稳定支持下进行统筹使用（以下简称“下统筹”），而不是简单的由财政部门统筹（以下简称“上统筹”）。

如果一个城市的建设资金只有上统筹，没有下统筹，那么任何一个行业都面临着与其他行业竞争财政资金支持，每年等待财政拨款的局面，没有一个行业会有稳定的发展信用，也不可能达到融资的目的。

第三，财政资金的支持嫁接整合了既有的预算管理政策。

北京市给予京投公司的一揽子“授权经营费”，拆解开来，从预算安排的经济科目上而言，实际上是传统政府固定资产投资方式中资本金出资、投资补助以及针对公益性行业定价亏损的价格补贴的综合运用。

综上所述，从京投公司作为政府代理人角色来看，我们当然不能认为京投公司的融资行为与政府毫无关联，但是从京投公司为每个轨道交通项目或者是一揽子项目的具体融资行为而言，金融机构的评估仍然是基于每条线路或者是在政府一揽子支持政策下京投公司自身的信用能力而做出的，所以我们也不应当将京投公司的债务简单地当作政府债务来看待，甚至就每一笔具体的债务而言，其市场化融资的性质是占主导地位的，更接近《国务院办公厅关于保持基础设施领域补短板力度的指导意见》（国办发［2018］101 号）中提出的“合理保障融资平台公司正常融资需求”，“支持转型中的融资平台公司和转型后市场化运作的国有企业，依法合规承接政府公益性项目，实行市场化经营、自负盈亏，地方政府以出资额为限承担责任”。

三、 ABO 模式有长久生命力吗

既然有 PPP、有地方债还有政府购买服务，ABO 模式还有存在的必要吗？

ABO 模式究竟是一个临时拼凑出来的概念，终究面临整改，还是会具有长久的生命力？这是每一个在探索应用 ABO 模式的地方政府和投资企业都关心的问题。

当前各地方对 ABO 模式相对有限的应用，主要在几个领域。

一是类似北京轨道交通行业，地方政府通过授权的方式给予城投公司某一行业的一揽子支持政策，促进城投公司转型。

二是大型的片区综合开发项目，地方政府按照封闭运作、自求平衡的原则，将一定规模的规划功能片区授权国有投资主体投资、建设和运营，该片区内的新增财政收入优先用于解决本片区内配套设施的建设投入和运营支出。

三是某些具有战略性和创新性的重大城市建设项目。

从前面北京市轨道交通领域的创新案例来看，在当前的政府城市建设投融资体制之下，京投公司从字面上被授予的投融资、建设以及运营职能，似乎通过发行地方债、通过 PPP 引入社会资本以及政府购买服务等组合就可以实现，ABO 模式真的有必要吗？甚至更进一步，城投公司这类主体真的有存在的必要吗？

要回答这个究极的问题，我们需要回到城市建设管理体制本身去思考。

城市建设管理体制的存在，是为了更好地落实城市规划和保障城市的运行。ABO 模式以及被授权的城投公司，究竟为城市发展创造了什么价值，这是决定它们命运的本质问题。

从笔者针对行业和片区开发 ABO 模式的观察和总结而言，至少有三方面的价值是难以被替代的。

一是城市经营在中观层面的统筹价值。

就任何一个具体的、边界清楚的工程建设项目而言，我们都可以采用 PPP 或者政府购买服务等方式来解决其建设运营问题。

但是一个行业领域、一个大型城市功能区（特别是新区）的发展，实际上是中观问题，而不仅仅是一个一个具体项目的建设问题。

我们常说城市是一个复杂系统，城市发展是一项系统工程，从系统论的角度来看，城市规划落实过程中，主要是整体决定部分，整体并不简单等于各个部分的加总。要提高城市发展的质量，在规划落实层面加强统筹是必需的手段，但是将整个城市当成一个统筹对象显然过大，在行业领域、功能区等中观层面上，通过授权进行一揽子的政策支持、规划、投融资和建设运营，是更现实可操作的统筹手段。

在实践上，我们自然可以在一揽子授权之下，进一步组合运用 PPP、地方债、引入专业投资机构以及购买服务等方式，来实现统筹发展的目标，但是反过来，仅仅在各种单体工程项目上采用各种运作方式，并不必然能实现统筹。

从这个角度而言，笔者认为 ABO 模式首先应当应用在具有中观统筹必要的城市经营和发展事项中（对于城市经营，笔者将另作单独论述，本书中不再详述)，单个的、边界相对清晰的工程项目，通过现有的适用于单体项目的成熟模式能够解决的，不应当再套用或滥用 ABO 模式。

二是被授权企业在专业化运作、知识管理和创新探索上的载体价值。

中观层面的城市运营，以及微观层面上每个项目的建设和运营，都具有很高的专业知识和技能要求，随着新基建时代的到来，城市发展对专业管理能力的要求越来越高。

而这些专业知识和技能的积累及传承，在政府行政部门内部依赖有限的人力是无法实现的，只可能在各类行业化或是综合性的城投企业中实现。市场上专业服务机构和专业化社会资本的发展，会倒逼城投公司提高专业化水平，或是成为服务供应商，但是并不能完全替代城投公司。因为任何市场化的专业机构，与政府之间的关系，都首先是议价关系，然后才是服务关系。城投公司和市场化企业之间的博弈，才会真正实现城市建设管理成本和质量的持续改善。

前面我们讲到了北京市轨道交通行业的例子，十几年前的改革之初，北京市之所以要拆分北京地铁集团，就是因为在旧的国有企业运行机制下，地铁行业的效率低下，成本高，财政补贴居高不下，而主管部门有限的、以行政管理为主要职能的人力配备，是无力从专业上对企业进行审查和议价的，只好将地铁集团一拆为三，赋予京投公司改革使命，通过在4号线上采用PPP模式、在10号线支线上采用BT模式等引入社会资本，倒逼体制内建设管理和客运服务提高效率、降低成本。

反过来，随着北京市轨道交通领域投资、建设管理和客运服务水平的提高，政府也通过国资平台的专业能力，获得了与社会资本进一步议价的能力，付出比当初四号线更低的代价，引入高质量的专业服务。这并不是仅仅靠招标这样的竞争性程序就可以实现的，人才队伍和专业能力的积累起到了更根本性的作用。

在可见的未来，笔者认为城投公司这类介于政府与社会资本之间的特殊企业，并不会退出历史舞台，城投公司与社会资本之间的合作和博弈，才是更符合现实发展需求的状态。

三是通过一揽子财政和政策支持为城市运营领域注入发展信用的价值。

在之前的内容中我们探讨过北京市轨道交通ABO模式下的财政支持政策，实际上是在中观层面上，基于对未来轨道交通线网规划建设资金需求的评估，主动性做出的中长期预算支持，综合运用了资本金出资、投资补助、价格补贴等常规政府固定资产投资资金支持的手段，它的本质是为轨道交通行业的发展建立信用基础。

在片区综合开发这类项目上，大部分新区采取了封闭运作、自求平衡的政策支持手段，也就是在对划定的重点片区投入产出进行评估的基础上，在一定时间段内，将片区内新增的财政收入（包括土地出让收入和税收等），以充分满足本片区的建设投入和运营支出为标准，划出一定比例优先返还用于本片区的建设。

这种方式通常被理解为不要给存量财政增加负担，与政府债务划清界限，这么理解有一定的道理，但是过于狭隘。财政管理的总体原则是统一管理、收支两条线，进一步分解到各个行业主管部门，实现行业统筹安排，重大项目优先、紧急项目优先，其他的资金暂时得不到满足的项目则排队等待。这是大多数城市的常规投资管理体制，这在城市配套已经基本成熟的主城区自然没有问题。

但是在新区发展中，各种配套都不完善，如果没有封闭运行，本片区的产出优先解决新区发展需要的政策，那么通常上级财政和行业部门对新区的新增财政产出是索取式的。我们可以在不少城市见到这样的新区，土地已经卖得差不多了，规划中的配套设施建设却十分滞后，管委会和城投公司却没有资金继续进行建设，本质原因实际上就是新区卖地的资金都被挪到其他地方使用了，这样的新区根本不存在发展信用。

实际上，封闭运行、自求平衡的政策，对于新区发展以及承担新区建设任务的城投公司而言，是奠定最基本的发展信用的预算安排机制，甚至谈不上上级财政对于新区投资的支持政策。

在这样的局部自平衡机制安排下，这部分返还给城投公司的资金，也可以通过资本金注入、投资补助、直投代建等传统渠道的组合运用来实现，也不排斥与地方债等融资渠道的整合。

所以，在ABO模式下针对行业或者片区建立的一揽子支持政策或者机制安排，本质上要解决的是发展信用的构建问题，不是债务切割问题。这种中观层面的信用机制安排，是针对单个项目的PPP、专项债等无法替代的。

综上所述，ABO模式究竟是什么，如果一定要给它下一个定义的话，我认为它是植根于中国城市建设发展特色的，通过一揽子授权和政策机制安排，以国有投资主体为载体，为中观层面（行业或者城市功能区等）的城市经营领域构建信用机制的手段。

我们没有必要一定要在现有的政策体系中马上给ABO模式一个准确的位置，或者评判它是对的还是错的。对于改革和发展中的体制而言，政策必然是一定程度上落后于实践的。当前的投融资政策，过于注重自上而下的统筹和管制，以及微观工程层面上的管理，把容易定义的事情都定义清楚了，在难以借鉴西方成熟体制、中国特色的城市中观层面运行管理上则显得空白。

ABO模式在行业和片区上的应用，从实践角度给出了一定的探索和借鉴价值，我们不必急着给它从政策上下定义，也不应当将其泛化应用到单个的项目上去。换言之，ABO模式本身并没有特别的概念价值，植根其上的城市运营理念，才真正具有长远的探索价值。

第七章
如何做好“新时代基础设施投资管理”

在过去30多年的城市化进程中，基础设施投资一直是城镇化的重要抓手，而伴随投资体制的改革，以PPP为主要合作模式的基础设施投资市场已逐渐形成，规模也在日益扩大。

随着城市化水平的提高，我国的城市化进程逐渐进入后半段，城镇化的发展理念和发展格局也在随之变化，普遍城市化阶段逐渐结束，城市之间的竞争日趋激烈，城市发展能力、发展方向也在不断分化。在此过程中，投资企业正在以新的视角重新审视基础设施这类长期投资项目的决策逻辑和风险管理。

我们的团队在为投资企业提供大型基础设施项目投资决策和管理服务的过程中，以投资大数据为基础，研发了EP（环境-项目）矩阵方法，基于城市和项目两个维度的综合评估为投资项目提供投资决策支持、投资战略分析和投后管理评估。EP矩阵的引入和应用，为城镇化后期阶段的基础设施投资提供了更加系统的管理视角。

一、 城市基础设施领域的市场发展和投融资格局特征

1. 基础设施项目的投资特征

基础设施投资是我国城市化发展在硬件升级上的重要抓手，并伴随投资体制改革的发展，不断变化和升级。从1995年前后开始，以BOT特许经营为基本模式，我国基础设施投资市场开始向社会资本开放，实施投资项目试点；随着2000年前后市政公用行业产业化改革，再到2004年国家《关于投资体制改革的决定》等重要改革政策的颁布，基础设施投资市场逐渐进入更加开放和快速发展的轨道，也吸引了大量的投资企业进入。

基础设施建设之所以能吸引如此多企业的投资目光和金融资本参与，主要基于两方面优势：一是投资规模大，能够容纳规模比较大的资金；二是项目的现金流比较稳定，能够给企业带来长期稳定的收益和回报。

另外，虽然投资上逐步开放了，但是与投资回报有重大关联的收费机制、价格机制等相关政策并未彻底市场化。由于基础设施项目大部分属于公益性或是公共性，并且我国基础设施和公共服务领域的定价政策偏向于政府定价，以公益和公众能够承受的范围作为定价的基本前提，以致定价标准较低，并不能够给项目带来高额的回报，甚至不能覆盖项目完整的投资成本，所以这些项目需要政府予以授权，甚至是给予比较长期稳定的财政补贴支持。

2. 城市建设投融资市场新格局形成

基于基础设施投资项目的特点，政府与社会资本合作模式也就是我们常说的

PPP 模式（本文指广义“PPP”，含特许经营等投资途径），成为社会资本进入基础设施投资市场的主要途径。

自国务院出台政策严控地方政府债务，且限制地方平台公司的融资职能之后，以 PPP 模式为主要通道的基础设施投资市场在 2014～2017 年处于“井喷式”的发展。

但从 2017 年下半年开始，随着地方专项债的大规模发行和对 PPP 项目进行的多轮整改，以及各地方对地方政府债务的防控，随后城市建设投融资市场的格局发生了根本性的变化，发展到今天，基本上形成了以地方政府的专项债为主、PPP 为辅的投融资格局。

从图 7-1 的数据曲线中明显可以看到，2018 年地方政府专项债的市场规模已经大幅超越了以 PPP 作为主要通道的市场化项目的投资规模，2019 年这样的趋势变得更加明显。专项债的市场份额优势进一步加大，与 2017 年和 2018 年相比较，2019 年上半年的（广义）PPP 市场规模下滑了 60%以上。地方政府债券与基础设施市场化投资动态如图 7-2 所示。

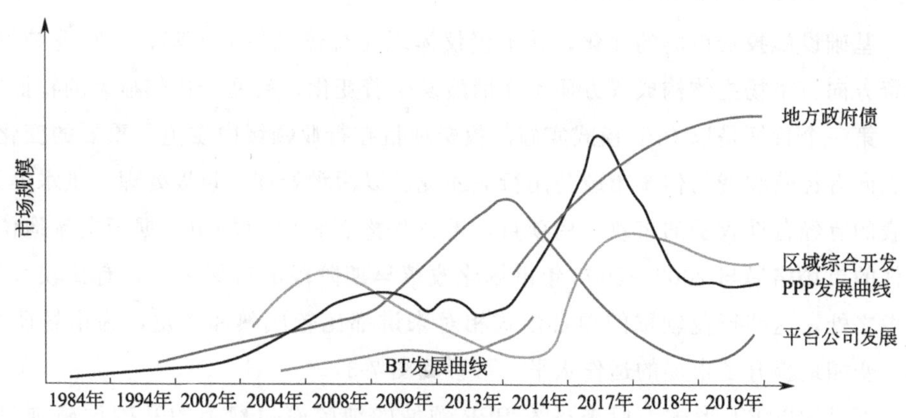

图 7-1　投融资体制的演变历史和发展趋势

《关于推进政府和社会资本合作规范发展的实施意见》(财金［2019］10 号)、《关于做好地方政府专项债券发行及项目配套融资工作的通知》以及《政府投资条例》一系列重大政策、法规的发布，也在不断对上述格局进行着固化。

综合判断，市场普遍认为 PPP 的政策目前已基本趋于稳定，市场的规模进入相对平稳的阶段，当前至未来十年我国的城镇化投融资格局已经基本形成，并将逐步稳定下来。这也使得投资企业从 PPP 的热潮中冷静下来，重新思考未来的投资策略。

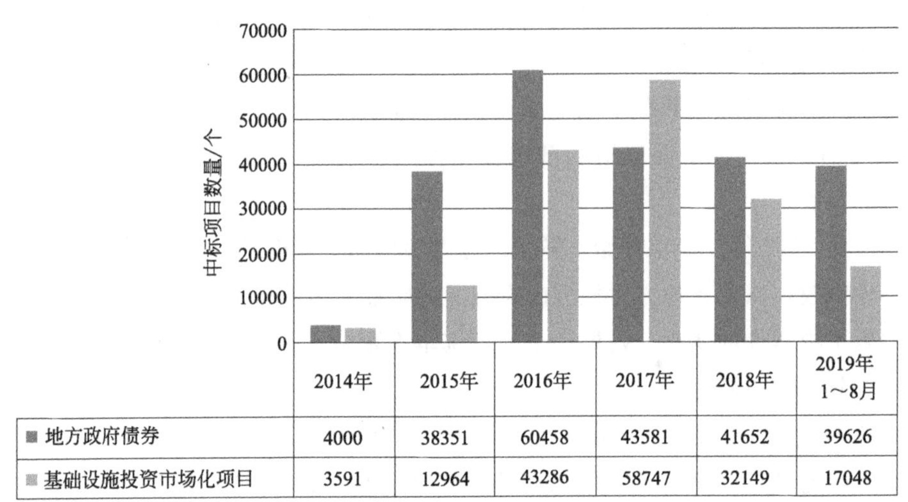

	2014年	2015年	2016年	2017年	2018年	2019年1～8月
■ 地方政府债券	4000	38351	60458	43581	41652	39626
■ 基础设施投资市场化项目	3591	12964	43286	58747	32149	17048

图 7-2　地方政府债券与基础设施市场化投资动态

（数据来源：PPP 有例）

3. 基础设施投资市场日趋成熟

基础设施投资市场的变化，并不仅仅体现在总体规模的下降，在行业结构、投资方向、市场主体构成等方面也在悄然发生着变化，有几个比较显著的特征。

第一个特征是以 PPP 模式实施的投资项目在行业领域内发生了重要的变化，更加向有经营收费的传统市政公用行业靠拢。以污水处理、垃圾处理、供水等为代表的有经营性收费的市政公用项目，重新在整个 PPP 市场中占据了主流地位，这样的市场格局与 2002～2008 年市场化改革早期阶段的市场格局，有比较大的相像之处，这些行业领域的项目模式相对来讲都比较成熟和稳定，为市场所熟知，变相地提升了市场的运作水平（可参阅图 7-3）。

而早期以 BT 形式、后来进入 PPP 领域的纯政府付费类的基础设施项目，目前绝大多数都进入了地方政府专项债融资的范畴之内。

第二个特征是完全市场化运作或是以类 PPP 模式实施的投资项目越来越受到企业的重视，这些项目主要包含了停车场、旅游及新城镇建设、片区开发等。

这类项目之所以采用了类 PPP 模式的市场化合作方式，一方面是因为政策的限制，使得其中有一些类型的项目难以通过 PPP 模式实施；另一方面众多企业也在探索市场化的“自求平衡”，寻找有经营收益前景的项目，以规避 PPP 项目过于烦琐的前期程序和后期的管理规制。同时这些项目也在“自求平衡”的目标下，探讨去财政支持这样的道路，以避免与地方政府的隐形债务挂钩。

第三个特征是投资市场的集中度正在提升，投资企业的成熟度和体量逐渐变

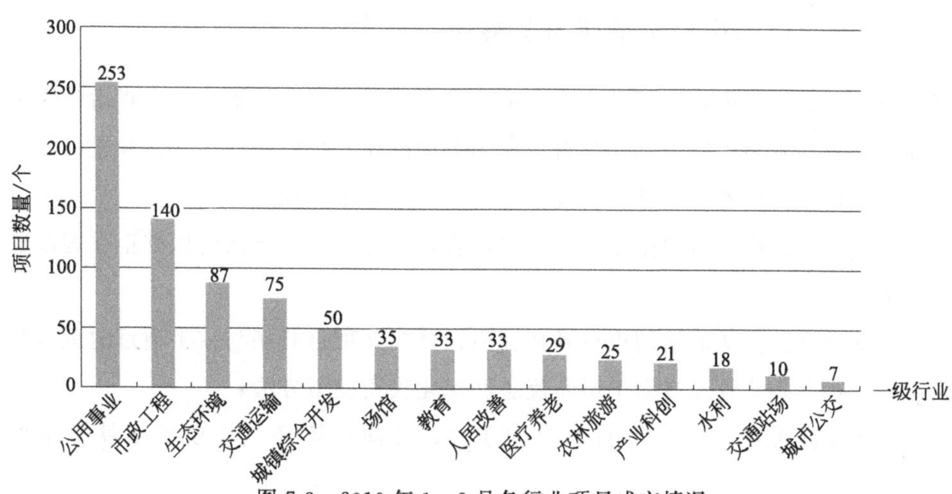

图 7-3　2019 年 1～8 月各行业项目成交情况

（数据来源：PPP 有例）

大。在过去 5 年中，由于 PPP 项目膨胀过快，热度较高，导致了大量非专业投资领域的企业进入基础设施投资市场。在前几年的发展高峰期，整个市场的投资企业数量超过了 6000 多家，随着紧缩政策的出台和市场格局的变化，2019 年参与投资的企业数量有了大幅减少（图 7-4），投资企业的市场集中度有了很大的提升。

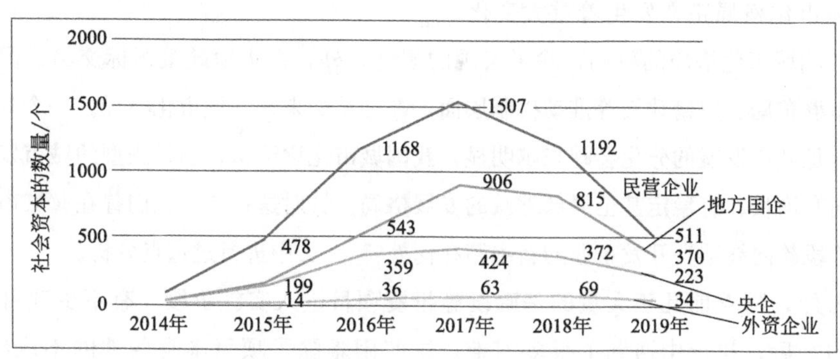

图 7-4　参与 PPP 项目各社会资本的数量

（数据来源：PPP 有例）

这几方面的特征，都表明了目前参与市场交易的基础设施投资企业经过市场和政策的淘汰，留下的都是比较成熟、有投资经验且资本规模较大、有意愿长期在这个领域投资的企业。可以看到这样一个趋势：我国的城镇化基建投资市场正在从发展期向成熟期过渡，企业也变得更加成熟和冷静。

二、市场变化给投资企业带来的变化

在过去的几年中，荣邦瑞明在帮助企业做项目研判、投资决策和投后管理的服务过程中，明显地感觉到伴随着市场形势的变化，投资企业在认知和投资决策的思维上正在发生着根本性的转变，主要表现在几个方面。

一是从不计代价地争抢项目变得决策更加冷静，宁缺毋滥的思维正在逐渐成为主流。

二是投资工作从前期的市场开拓为主，转向新项目开拓与在手项目的运营管理并重，并在运营管理过程中不断反思和优化投资决策方法。

三是投资决策从关注项目本身的条件，转向投资环境与项目条件并重的模式。

这些转变，反映着城市建设投资市场和投资企业的成熟，但这并不仅仅是政策变化所造成的，而是与我们当前城镇化发展的形势有着非常密切的联系。

2019 年发改委发布了《2019 年新型城镇化建设重点任务》的通知，以及 2019 年 8 月 26 日召开的中央财经委员会第五次会议中指出，“当前我国区域发展形势是好的，同时经济发展的空间结构正在发生深刻变化，中心城市和城市群正在成为承载发展要素的主要空间形式……”，从这一系列政策信息中可以看出，我国城市化格局正在发生着重大变化。

影响城市化格局的机制，除了宏观的规划以外，在土地政策指标交易、国家重大城市群布局、户籍政策等推动机制层面，都在重塑未来的城市化格局。一个基本的特征就是城市发展的分化会越来越明显，我国城市化逐渐从普遍扩张型的城市发展模式走向有增长、有稳定甚至局部缩减的发展格局。针对这一点，我们曾在《城市普遍扩张阶段趋向终结！开发企业的新出路在何处?》一文中进行过重点分析。

另外，随着前几年大量的基础设施投资项目进入实施阶段，有不少项目在实际签约之后，执行中遇到了很多困难，这些困难除了项目本身条件的不成熟外，相当一部分原因来自项目执行环境的变化，这种变化也使得企业意识到，如果把每一个城市看成是一个系统的话，每一个投资项目就是一个子系统。城市发生变化会影响到子系统的运行，所以企业在投资项目时，除了考察项目外，也要把更多的目光投向城市投资环境的评估。因为基础设施项目属于长期投资项目，在较长的运行过程中必然会面临城市发展变化的状况，要保证项目的顺利执行，最终获取收益，就要坚持项目本身条件和投资环境并重（图 7-5）。

在此基础上，结合大量的 PPP 投资项目，我们基于开放的城市大数据研发

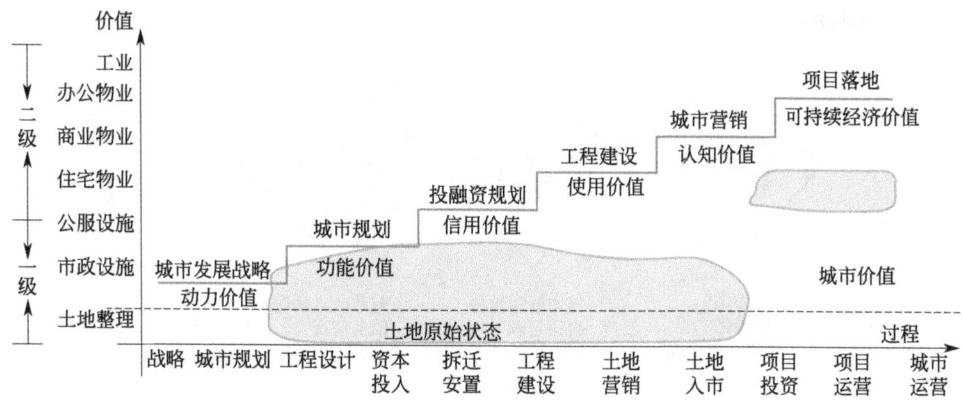

图 7-5　企业投资是政府和城市的子系统

（数据来源：PPP 有例）

出了 EP 矩阵，为投资企业的决策提供支持。

三、 EP 矩阵的基本原理

EP 矩阵重点关注的是从项目“内外”两个尺度上来做决策支持。

1. EP 矩阵基本原理

EP 矩阵实际上是一个二维四象限的投资决策工具，其基本原理是将项目投资环境和项目内在条件作为评价项目的两个主要维度。

关于项目投资环境，或者说是项目所在城市的投资环境评价（图 7-6），具体指的是，我们在评估一个城市时，选取几类主要的指标：第一类属于实力类指标，其中包含城市 GDP、城镇化水平、常住人口规模、财政收支等指标，这些指标代表着这个城市当前的发展能力；第二类属于发展潜力类指标，主要涉及城市所在的区位、在国家制定的城市战略格局中的地位、城市所拥有的科研资源等指标，这些能够为城市未来发展带来长期向好效应的相关定性和定量数据；第三类是安全类指标，主要通过考察项目的债务情况、城市的债务情况、财政稳定性情况、制度的发育水平等指标来判断。

之所以关注投资环境，是因为企业投资的任何一个项目都是所在城市系统的一个组成部分。从系统的角度来讲，整体决定了局部投资环境，如果城市发展水平发生重大的变化，会在相当大的程度上影响到项目的执行和落地。

关于项目的内在条件，或者说是项目本身的条件设计得好或不好（图 7-7），这些指标从当前 PPP 项目的模式设计上来讲，主要是针对政府与企业商定的项目商务条件和财务条件进行评价。从指标选取上讲，包含项目周期、工程造价下

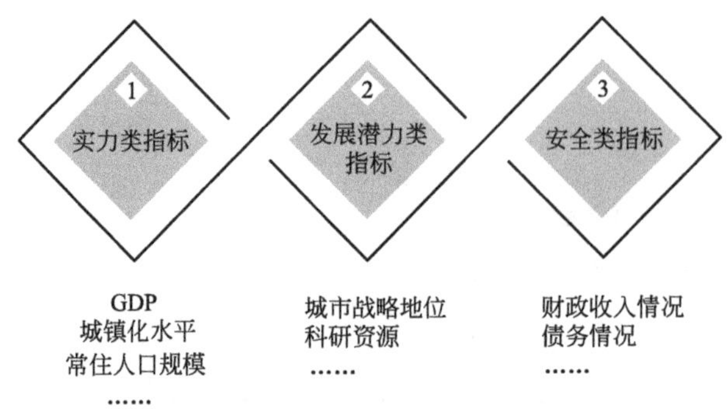

图 7-6　项目外部投资环境指标

浮水平、项目收益水平、保障条件、风险分配等。其主要分为两大类指标：第一类是项目的收益率水平；第二类是项目的风险分担机制。此外，项目的内在条件与行业特性有关，需要根据行业特征加以区别。

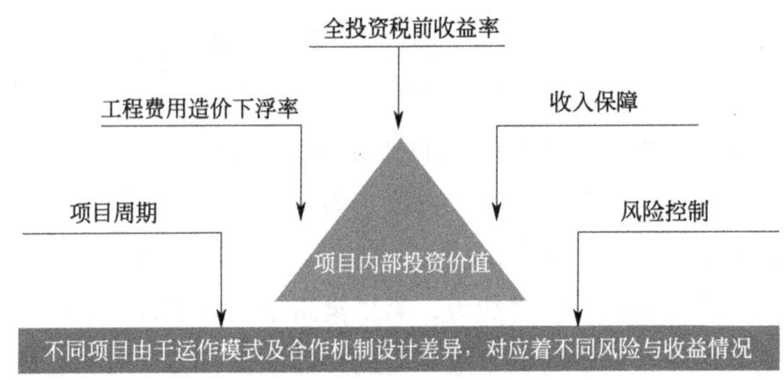

图 7-7　项目内部投资环境指标

在这里需要补充一点，前面讲到项目条件是从这些指标角度，根据大数据将过去成交的大量项目，在 0～100 分的评分区间内进行综合打分和排序。

项目好还是不好，可以通过项目投资环境和项目内在价值两个维度画成一个四象限的基本框架来辅助判断（图 7-8），其中箭头的方向代表越来越向好。

2. 四个象限呈现的不同特征

那么，这四个象限分别呈现什么样的特征呢？

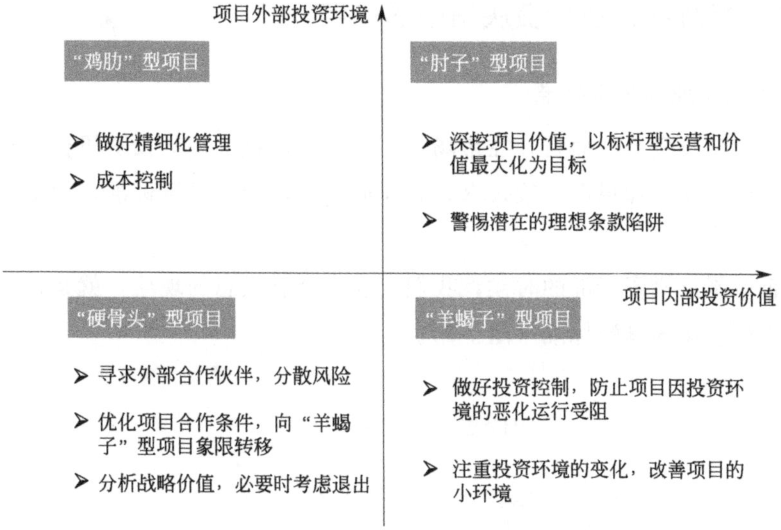

项目外部投资环境

“鸡肋”型项目

➢ 做好精细化管理

➢ 成本控制

“肘子”型项目

➢ 深挖项目价值，以标杆型运营和价值最大化为目标

➢ 警惕潜在的理想条款陷阱

项目内部投资价值

“硬骨头”型项目

➢ 寻求外部合作伙伴，分散风险

➢ 优化项目合作条件，向“羊蝎子”型项目象限转移

➢ 分析战略价值，必要时考虑退出

“羊蝎子”型项目

➢ 做好投资控制，防止项目因投资环境的恶化运行受阻

➢ 注重投资环境的变化，改善项目的小环境

图 7-8　四个象限呈现的不同特征

第一象限是“肘子”型项目。在这个象限里的项目，所处的城市投资环境稳定，发展能力很强，而项目本身与政府约定的合同条件也比较良好。

第二象限是“鸡肋”型项目。这类项目所在的城市发展环境比较优良，但往往这样的城市竞争比较激烈，政府给出的条件相对比较苛刻，收益空间相对较低。用“鸡肋”来代表这类项目，就表示它利润较薄，“比较容易吃到，但肉并不多”，需要通过精细化管理来确保收益实现。

第三象限是“硬骨头”型项目。这类项目“肉很少，骨头很硬，啃不动”，想“敲开骨头吃到里面的骨髓”非常困难，也就是很难获得项目内在利润。这类项目在市场上有很多，做这类项目要在管理策略上重点分散投资风险，找到好的工具，或者是好的合作方来一起分担项目风险，或者是尽早退出，让真正有能力“啃骨头”的企业来做。

第四象限是“羊蝎子”型项目。这类项目位于城市发展排名比较低的地区，为了招商引资，地方政府给出的项目基本条件相对较好。不过由于城市发展水平的不稳定，以及政府的执行能力和执行意愿的不足，这些项目的实施，通常需要解决不少前置问题，看起来条件较好，但是并不容易完全实现，因此这类项目要重点关注投资环境的管理，特别是做好政府关系管理和项目条件边界管理，才能够真正把利润赚到手。

这是我们评价项目的一个基本方法，这个方法在企业的投资决策和投资管理中有多方面的应用场景，我们来逐一进行探讨。

四、 EP 矩阵在企业投资决策中的作用

1. 检视企业的投资标准

对于大型投资企业而言，在市场开拓过程中，接触到的投资机会比较多，为了更好地筛选项目和提高决策效率，企业通常会制定出投资标准，用来筛选投资机会。

在企业制定投资标准的时候，我们发现一个有意思的现象，就是企业很容易做出过于理想化的投资标准（图 7-9）。

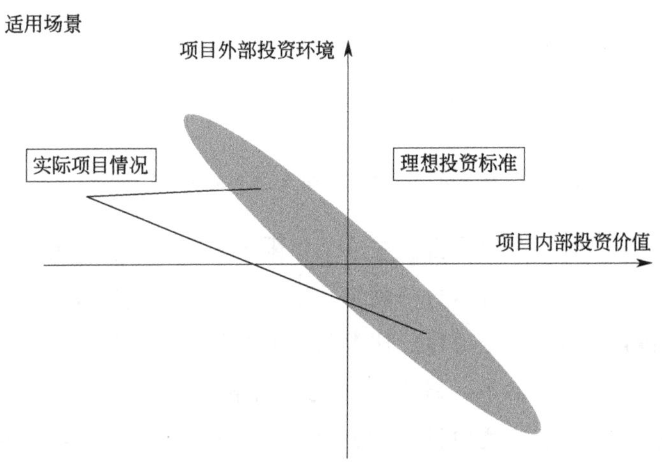

图 7-9　理想投资标准与实际项目情况的偏差

（资料来源：PPP 有例）

如果在象限中加以标识的话，不少企业在制定投资标准的时候，能够达标的项目经常处于第一象限，也就是“肘子”型项目的投资标准。这些项目投资标准要求城市环境好、发展能力强，同时要求项目条件非常优厚。制定这样标准的后果就是，如果企业自身的实力达不到这样的程度，或者所在的投资领域没有绝对的优势，那么企业实际上很难获得投资项目，或者说是前期市场开发的失败率会非常高。事实上，市场上的项目绝大部分都属于第二象限的“鸡肋”型和第四象限的“羊蝎子”型。

首先来实际了解一下企业在投资标准制定中，如何应用 EP 矩阵。

如图 7-10 所示，这家企业的投资标准实际上是比较好的，适应了投资环境风险和项目条件之间的平衡。项目绝大部分落在了第二象限（“鸡肋”型）和第四象限（“羊蝎子”型）。这说明这家企业的投资标准制定是比较符合市场规律

的，条件相对苛刻的项目要求比较好的城市基础，城市发展水平比较弱的地区，则要求相对更高的投资条件，并且在市场开拓上具有比较好的灵活性。

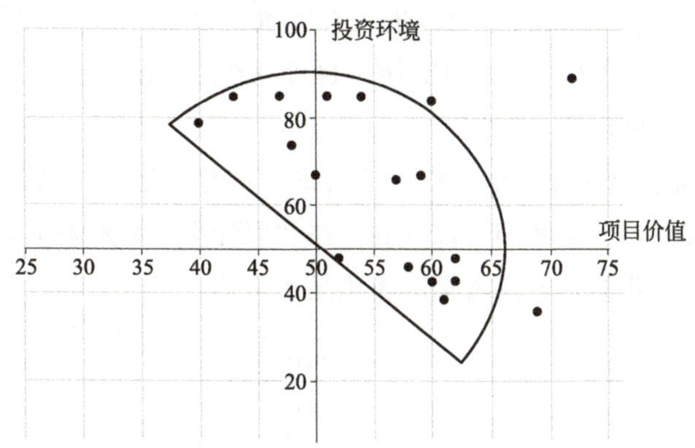

图 7-10　应用案例——以某大型央企一级子公司 A 所投基建项目（2017～2018 年）为例

（数据来源：PPP 有例）

如图 7-11 所示，这家投资企业过去几年投的项目，自上而下都非常贴近中轴。其市场能力属于中等，项目的内在条件都非常接近，而投向的区域既有非常强的城市，也有相对发展比较滞后的城市。

根据图 7-11 中项目的分布特征，说明这家企业本身的投资标准，相对来讲比较单一，过于关注项目的条件，而忽视了投资环境，因此后期在项目执行阶段，位于横轴下方的项目管理难度较大，比较容易由于投资环境的变化而产生亏损。

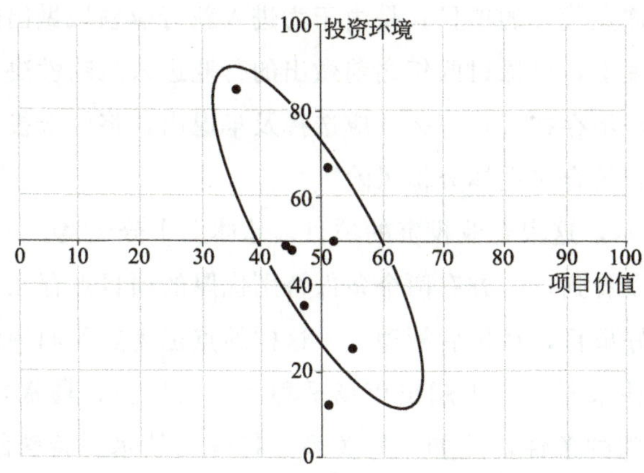

图 7-11　应用案例——以某大型央企一级子公司 B 所投基建项目（2017～2018 年）为例

（数据来源：PPP 有例）

2. 辅助投后管理决策

由于 PPP 项目及各类基础设施投资项目的执行周期很长，通常超过 10 年，有的甚至达到 30 年，当前大量项目进入投后执行阶段时，对项目的持续跟踪管理是投资部门的重要工作，因此 EP 矩阵也可以在宏观层面上帮助企业检视早期的投资决策，及早做出应对措施。

如图 7-12 所示，这家央企投资的项目绝大部分位于第一象限，体现了企业的行业地位和实力，但是我们可以看到，在“硬骨头”型象限中，有明显的特殊点存在，与这家企业的一贯投资标准相比是不符的。

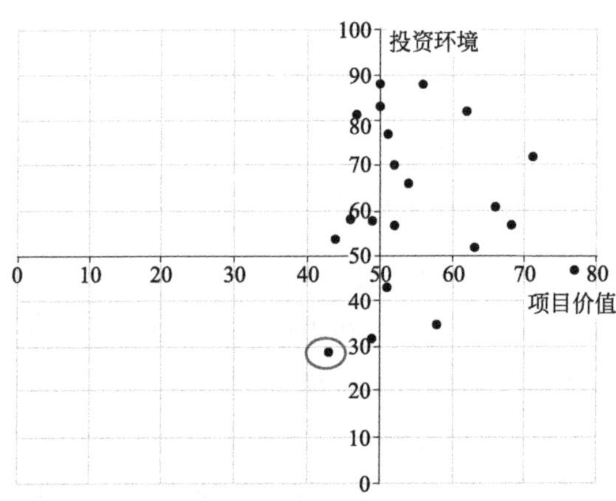

图 7-12 应用案例——以某大型央企集团 A 所投基建项目（2016～2018 年）为例

（数据来源：PPP 有例）

回顾这个特殊点代表的项目，是由于为进入新行业领域做出的战略性决策造成的。在后期管理上，要探讨两年之前做出的行业进入战略性决策的意义是否仍旧存在，如果已经不存在了，那么，应选择及早退出，将资金投入更有回报前景的领域，或引入新的合作主体分担风险。

如图 7-13 所示，这家企业投资的项目，总体上十分优良。

但是我们可以看到，右方有两个条件特别优厚的项目点存在。条件特别优厚并不仅仅代表着好项目，在投后管理上，这样的点也需要我们特别关注。

从投资的规律来看，获得超出市场平均水平的项目，通常在投资的前期阶段都存在某些特殊的条件，比如人脉关系、特殊的技术、特殊的资质要求、政府的某些紧急需求，或是政府打造标杆的一些特殊要求等。由于这些特殊条件的存在，使得在项目的早期运作阶段，地方政府愿意向投资企业让渡比较多的利益。

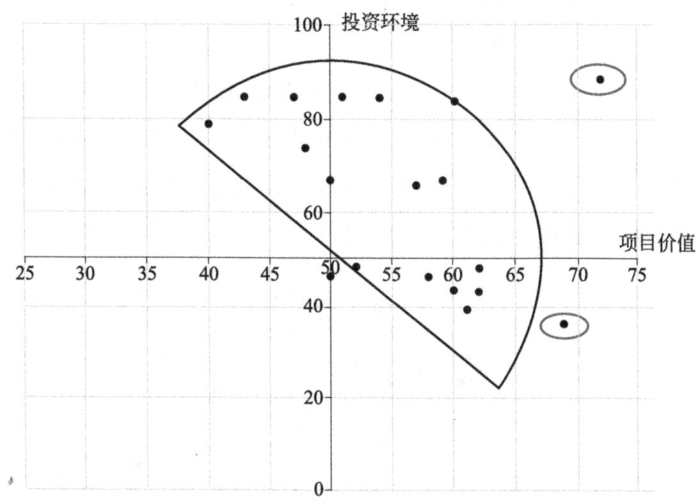

图 7-13 应用案例——以某大型央企一级子公司 C 所投基建项目（2017～2018 年）为例

（数据来源：PPP 有例）

基于企业非常优厚的投资条件，但在一个长周期的执行过程中，这些投资条件所处的早期决策环境非常有可能发生变化。一旦发生了变化，现任的政府管理者和企业管理者，如果不能够了解项目决策的背景，或者不能够完全认可项目决策时特殊环境下做出的项目条件，那么双方就非常容易在合作上产生矛盾，导致项目需要重新修订条件，甚至有可能会导致项目停滞。

那么对于这类项目，在投后管理上，企业应当做好两方面的应对准备。

一方面要检查项目早期决策时的特殊条件是否还存在，如果当时的决策环境如今发生了变化，特殊条件已经不存在了，则极有可能使得项目点位向内凹陷，要提前预警。

二是这些项目产生特殊决策的背景条件，从项目管理角度，要做好备档，当政府方面以及企业内部发生人事变动时，要充分交接历史条件，使得双方都能够理解和接受当时做出上述决策的原因，降低政府换届、企业更换管理者带来的项目变动风险。

3. 监测投资环境变化

我们使用 EP 矩阵可以描述企业投资项目的总体情况，这种画像放在长周期上来看，则会是一个动态变化的过程，因为每年城市的经济发展数据和新成交投资项目的市场条件水平都会不断发生变化，企业过往投资项目的对标标准也在不断发生变化。这种动态变化使得企业可以随时监测自己所持有项目资产的价值变化趋势，及早做出管理预警或者投资处置判断。

这种变化主要有以下几种情况。

一是如图 7-14 所示，一部分项目由于所在城市发展水平的变化，在象限中的位置发生下移，这时我们要关注这部分项目可能出现的外部环境风险。当然下移是相对位置的变化，从投资管理角度而言，我们还需要关注这些城市相对发展水平是否同时伴随着衰退，是否真正对项目的执行造成了潜在的影响。

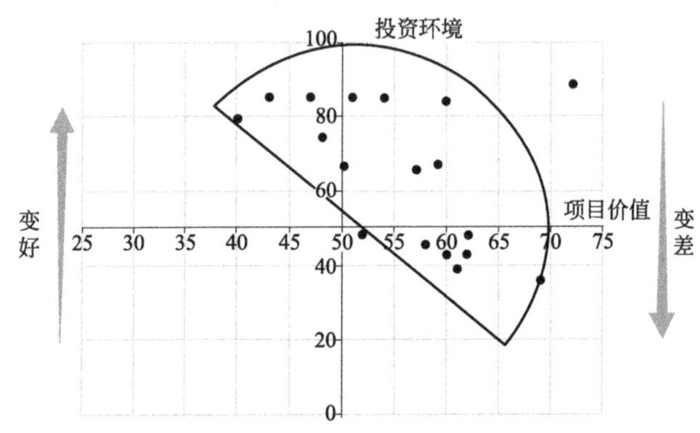

图 7-14　投资环境变化导致项目评价变化

（数据来源：PPP 有例）

而项目点位上移时，企业则应当关注这些发展速度相对变快的城市，企业过往的投资经验是否能够带来新的市场机会。

二是如图 7-15 所示，与当前新成交项目的市场交易条件水平相比较，企业过往的投资项目在象限中左移或右移。

点位右移，代表着新成交项目的市场条件与历史比较而言，正在不断向更优的方向变化，相对而言，企业过往的投资项目，在新的评估条件下，存在贬值的潜在可能，企业应当考虑是否有可能向地方政府争取更优的合作条件，或者及早转手，将资金投入新的项目。

点位左移，则代表着新成交项目的市场条件水平与历史比较而言，正在恶化，竞争更加激烈，企业过往投资的项目条件是十分优厚的，企业可以考虑在资本市场上将过往项目以更高的价值及早变现。

综合而言，中国的城镇化发展到现今阶段，城市发展的分化已经成为必然的趋势，投资环境的变化和潜在风险越来越受到投资企业的重视。

绝大部分传统的投资企业把眼光放在常规的建设管理、运营管理等专业化管理上，但在一个较长的周期中，企业的高层决策者、投资主管部门应该站在宏观

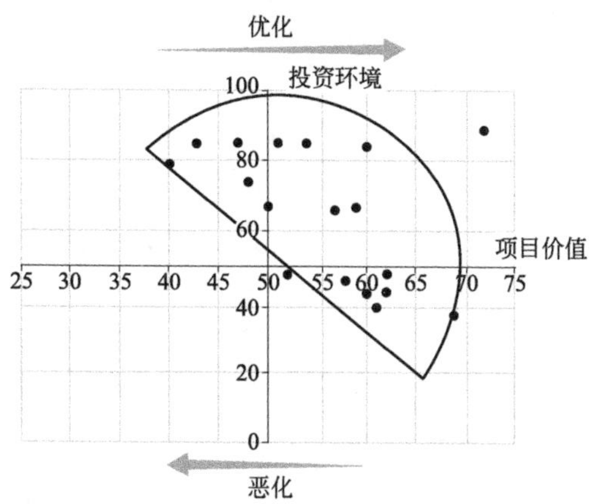

图 7-15　应用案例——以某大型央企一级子公司 D 所投基建项目（2017～2018 年）为例

（数据来源：PPP 有例）

层面上，对企业的投资趋势、投资标准、投资逻辑、投资整体环境的变化给予更高的关注。EP 矩阵就是在新城镇化阶段，面向未来城镇化的转型时期，进行企业投资前决策和投资后管理的系统化工具。

下篇　看项目记

看项目的那些事儿

读万卷书不如算万个数，算万个数不如看项目无数。

——投资经理心得

中国的发展和变化，除了一个“快”字之外，另一个关键词也许就是“意外”。颠覆自己的很可能不是昔日见面就分外眼红的竞争对手，而是来自“意料之外”。而在这万变之中，资本不断追逐着可以盈利的方向。有人曾下过一个听起来很有道理的论断：“凡是评估期超过5年的投资模型，都是无稽之谈。”

但这里也有一个例外，那就是城镇化。

1987年，深圳以协议方式出让了第一块土地，如果要给城镇化打上一个市场化路线标签的话，这也许是一个很好的起点。

1987年，全国的城镇固定资产投资是2731亿元，30年以后的2016年，这个数字已经变成了59.65万亿，是30年前的218倍。

1987年，全国的城镇人口只有2.77亿，30年后的2016年，这个数字变成了7.93亿，是30年前的2.9倍。

1987年，全国的GDP总量是1.23万亿元，30年后的2016年，这个数字变成了74.4万亿元，是30年前的60倍。

如果有什么领域的投资，从来没有回调一说，那就是城镇化了。

投身于城镇化建设相关领域的投资企业，应该是幸福的。在城镇化的大背景下，只要自己不折腾，失败的概率并不大，运气好的还能做大做强。房地产企业就是其中最典型的受益者，不过普通的房地产企业并不在本系列文章的讨论之列。

城市建设领域的投资企业，在游说地方政府时，最常说的一句话就是，我们与城市共同成长，城市发展了，我们的项目自然就受益。

从这个角度而言，他们的认识是很清晰的，大势增值了，投资的环境和土壤增值了，自己的项目自然也就增值了。

而寻求企业投资的政府招商部门，最常说的一句话则是“放心投吧，你的钱总会给你的，还能不相信政府？现在没钱，但政府总会有的。”

幸运的是，他们的游说总体上都成功了，这一切本质上都得益于城镇化进程中所带来的财富增长。

在这样的城镇化投资大潮之中，每一笔钱，都对应着一个具体的城镇设施，早期叫做工程，后来我们管它叫项目。

1987～2016 年，城镇固定资产投资总量累计达到了 396 万亿元，可想而知，项目的数量有多庞大。

不怕不识货，就怕货比货。既然可以投资的选择很多，那么项目和项目比较起来，自然有了高下之分。于是，找项目，看项目，成了城镇化领域的投资企业最重要的事，有些比较大的企业，还成立了专门的市场部、投资部，目的就是为了能够找到好项目，抓住好机会。

投资的盘子大，自然吸引的企业多。投身城镇化投资大潮的企业不可胜数，优秀的企业更是不在少数，看项目自然各有各的方式。

央企往上看

央企看项目，专注于看大工程和看大政策。这里的央企指的是以工程和基建为主业的央企们，如果套用到所有的央企身上，未免有点以偏概全。以下的各类机构，实际上都应该加上主业在城镇化领域这样一个定语，为行文简化起见，予以省略。

央企们家大业大，小项目“吃不饱”，只有把大项目揽下来，才能保证更好发展。在当前的背景之下，越大越复杂的项目，越来越多地被央企们获得，市场促进技术进化，技术进化又形成壁垒，循环往复，越来越强化这种局面。

但央企们也有自己的缺陷。他们其实什么都干过，因为他们体量大，各种找上门来的项目线索也多，自然什么领域的项目都有机会尝试一下。遗憾的是央企们做工程时资金快速流转的惯性一时间难以停下，需要长线运营性的事情很容易回转到传统主业的工程逻辑上去，转型之路还颇为漫长。

行业公司往外看

在城镇化领域中算得上行业，而不仅仅是工程的，基本也就是市政公用行业了，以污水处理、垃圾处理等环保领域最为典型。

从 20 年前这些领域开始向外商开放之初，这些行业的企业就开始看国外。特别是 20 年以前，中国的城镇化水平还远低于国外，国外的发展，成了预判未来中国 20 年城镇化路径的依据，并在其中找寻自己的位置。特别是英国、法国等发达国家的大型环保投资企业，成为其最好的标杆。

从过去20年的发展过程来看，这种判断方法无疑是有效的。随着国家提出越来越严格的环保标准，这些领域的投资规模也越来越大，成长出一批植根于本土的大企业。其风格更激进，动作更快，与地方政府的沟通成本更低，基本上把20年前进入中国的欧洲标杆企业们挤出第一梯队了。

如今，他们的胃口更大，开始琢磨着走出国门，把过去的学习对象们收入囊中。

银行——一招鲜，吃遍天

银行实际上是城建项目真正的出资方。他们其实非常偏爱给城建项目贷款。

原因无他，项目规模大。给一百家中小企业的贷款额度加起来可能也比不上一个城建项目，而且，跟踪一个城建项目的企业经营状况比跟踪一百家企业简单很多。

银行看项目的模式也很简单，有足够的项目现金流，还要有地方政府背书，或者有大企业担保，或者有足够的抵押品，总之就是不要让银行承担风险。

这个模式实际上三十年如一日，被套用到各种各样的城镇化项目上。

银行在城镇化领域里可谓是旱涝保收。对于未来的银行而言，项目本身的好坏还在其次，城镇化领域如果出现整体固定资产投资量的下滑，“太平洋变成地中海”，才是真正可怕的事儿。

基金——一直在折腾，壮志未得酬

私募基金这种形式，演变到城镇投资领域，变身成了各种产业发展基金、城镇化投资基金、政府引导基金之类，他们之所以愿意投身于城镇化投资领域，大部分原因很简单，无非是看重这个领域的项目够大，一把就可以玩个大的，梦想着投资的土地一级开发、基础设施也能像房地产一样升值，赚大钱。

可惜的是，这个领域里，对手方是地方政府。地方政府的逻辑是，你把钱拿来，我把资金成本给你。

地方国企看“自家菜地”

地方政府控股的市场化投资企业，在市场上是一股比较独特的力量。他们的发展有天然的优势，因为本地的市场化项目资源，本质上还掌握在地方政府手里，只要政府支持，这些项目基本上跑不了。

但他们又有自己的劣势：一城一池之地，不够他们做得足够大，必须要走出去，可一旦走出去，规模上比不过央企，决策上又没有民营企业灵活，所以这类企业能够做大的不多，除非是在北京、上海等少数大城市，自身的盘子够大、发展够快，其他的大多数企业都没能做大。

地方平台公司看“隔壁”

地方政府平台公司看项目，多喜欢横向看，看别人家是怎么做的，好学来用在自家的项目上。

地方政府平台是一个“非常好学的群体”，但通常他们并没什么投资选择权，而是要看政府“一把手”想要干什么。他们看项目，其实是看怎么把上级交代的项目做好。所以他们喜欢对照自己要投的项目，四处看别人已经做成的类似项目，研究怎么能够更好地套用到自己的项目之上，或者看别人是怎么融资的。

地方政府平台公司在心底深处有一股市场化的冲动，也盼着像那些市场化的地方国企一样，走出家门，投向全国，上市融资。

可惜的是，地方“一把手”们多半不愿意放手，家里的事儿还没干好，就想着去给别人家干活，你的钱都是在家里赚的，就必须在家里花。

所以这么多年以来，除了几个大城市的个别平台公司尝试着对外投资了一点项目之外，大多数城投公司并没有真的能够走出去，即使出门溜达了几步，还时不时地要被领导们敲打敲打：家里还有好多事儿要办呢，该收收心了啊。

民营投资企业出名要趁早

民营投资企业纵身跃入城镇化投资领域，实在不容易，他们总在谋项目，因为自己不谋，成熟的项目就被人拿走了。

在所有投资城镇化项目的机构中，民营企业总是排在被考虑的末位，轮完央企、外企、地方国企、基金银行之后，才会轮到自己，除非是上市公司。

最早一批投身于城镇化领域的民营企业，不少都已经上市了，也有了与一般民营企业不同的身份。再后来者，想重复前人的路，却发现根本没有机会了。如今什么项目都要强调业绩、资质、经验、实力、程序等等不一而足，一般民营企业很难有机会。

对于城镇化领域的民营企业来说，正应了张爱玲那句话——出名要趁早。

外资企业盛年不重来

在城镇化投资大潮中外资企业可以说是市政公用行业的启蒙者。20 多年前威立雅、苏伊士等公司进入中国时，中国的本土企业们眼前一亮：原来刨坑挖洞、净化污水、焚烧垃圾这些看似不上档次的事儿，也能做成国际大财团。

他们的黄金时代曾有十年左右，那时市政公用行业的“大佬”，基本上都是外资身份。可惜的是，在政府主导的城镇化投资领域之中，他们很快销声匿迹了。黄金时代逝去，白银时代也没出现。

要总结原因的话，只能用三个字：不适应。其实说白了也很简单，外资企业的光环逐渐褪去，身段却还没放下，沟通成本太高，舍不得像肯德基、麦当劳一样适应环境，放下身段炸油条、冲豆浆。他们的好时光过去了，这并不是谁的错。

虽然有点调侃，但却是怀着一颗敬畏的心，短短的文字，无法言说事实的全貌，难免有以偏概全之处。

说了这么多，简而言之，城镇化 30 年，一往无前，大多数企业都在其中获益了，并把这种受益总结成经验，期望着能够从中一直受益。

但是常言说，三十年河东，三十年河西，过去我们做城镇化的创新，最常用最保险的方法就是借鉴国际经验，其他国家成功的，在我们这儿也八九不离十。但是，如今中国已经是全世界城镇人口最多的国家，中国的硬件设施被全球瞩目，中国的城镇化经验已经开始对外输出，我们看项目的老眼光还有用吗？

对于看项目的人而言，需要重新定义什么是好项目，怎么在未来的 30 年中求得发展，在城镇化这汪资本的大海中，捞到真正属于自己的那条鱼。

只往后看，容易撞墙，只往前看，容易迷路。荣邦瑞明的投资顾问团队，愿意与大家一起聊聊看项目的那些事儿，分享我们的经验和体会，与大家一起找到城镇化投资的未来之路。

第八章

投资战略

说说投资企业的五重境界

摆脱经验的束缚，力求思想创新和知行合一，投资才能凤凰涅槃。

——投资经理心得

我们看项目，实际上是看投资的好与坏，而如何做好一个正确的投资，首先需要投资知识和经验的不断积累，我们行万里路看无数个项目，更需要阅人无数。

投资的过程是修炼的过程，城镇化领域的投资看似确定性很高，而企业却注定是在不确定性普遍存在的情况下进行投资选择和风险决策，于变化中看到不变的东西或是行业内在的东西，方可避免雾里看花、水中望月，练就一双“火眼金睛”。

我们在这里和大家说说投资企业的投资境界，是通过企业视角看生存和发展之道，去分辨变幻莫测的投资机会，少走弯路。

投资的五重境界，你在第几重？

“无名利剑，凌厉刚猛，无坚不摧，弱冠前以之与河朔群雄争锋。

紫薇软剑，三十岁前所用，误伤义士不祥，乃弃之深谷。

重剑无锋，大巧不工，四十岁前恃之横行天下。

四十岁后，不滞于物，草木竹石均可为剑。

自此精修，渐进于无剑胜有剑之境。”

借用金庸大师笔下独孤前辈的武学归纳：利剑、软剑、重剑、木剑、无剑这五个阶段对投资的过程做一个说明。

1. 第一重境界：利剑无意

此时的独孤求败，年少轻狂，艺业未成。他的心态和剑道，都还很幼稚，以为手中有了利器就可以纵横天下了，却不知道此时的他，仅仅只能与“河朔群雄”一争短长而已。

对应第一重投资境界为看标杆。

处在这一境界的投资人套路强、一刀切，主要看对手学标杆，超越标杆。这种类型的投资企业关系强、路子硬、在多数市场中作风彪悍，类似于很多工程企业、具有“一招鲜”本领的行业公司。

较为常见的是2000年以来鼓励民营资本进入基础设施领域和近几年PPP模式的快速发展期，很多企业向国外学习找标杆，国外行业的发展情况成为他们选择行业并定位自身位置的重要依据，在定位清晰自身的投资领域和发展方向后，迅速占领行业市场份额。

这种模式下快速发展出来很多行业龙头，逐渐也有了无杆可循的寂寞。

这种看标杆方式的企业成功概率并不大，究其原因就是很多企业是在画形，练就了一个花架子，基本派不上用场，即使偶露峥嵘，最后很多还是只学习了一些皮毛。

2. 第二重境界：软剑无常

此时的独孤求败，武功精进，但是人生观却变得模糊起来，经常会犯一些错误，金庸传递了一个人生哲学：人年轻的时候都会犯一些不堪回首的错误，需要引以为戒。

对应第二重投资境界为看机会。

这一境界的投资人已经属于“用剑的高手”，非常懂得专业领域投资的事项，企业完成了原始积累，但是城镇化领域巨大的投资机会让企业难以经受住诱惑，于是开展多种的投资尝试，企业的发展战略也是经常调整。

但是“软剑易伤人”，一不小心的决策失误往往给企业带来很大的风险。

最常见的莫过于从始至终贯穿于城镇化进程的房地产热，很多非地产行业的投资人看到城镇化过程中房地产市场的巨大红利而转向进行房地产开发。

城市建设领域无论是工程企业、城投公司还是民营资本，只要有点活钱就去进行房地产开发甚至发展成为公司的主营业务，但是这种模式很容易因为政策原因和市场因素让企业的发展陷入两难的境地。

3. 第三重境界：重剑无锋

此时的独孤求败，于人于事，渐渐看透，所谓大智若愚、大勇若怯，春风得意之际，终于想明白所谓高手，不过就是这么回事，他收起了以前的狂放开始苦练自身的修为。重剑便是这个时期独孤求败心境的最佳解读——举重若轻、沉稳老成。

对应第三重投资境界为看专业。

这一境界的投资企业一般来说招数简单、内力刚猛、不露锋芒，但是做起事情来气势磅礴、沉着稳重，是行业的重剑和风向标。

这类投资人对企业自身认知清晰，对项目的投资判断、收益稳定性、风险控制等专业要求很高，投资成功率很高，政府也十分买账，可以说对行业的事项了如指掌，但是懂得越来越多，相对越来越谨慎。

说到这里我们会想在城镇化进程中，哪些企业是这样一种强大的存在？

我们首先会想到大型的央企，其专注于大事并抢政策先机，同时又有着行业资源的垄断，很多企业在传统业务的基础上再做一些创新的事情，真正成为助推城市建设的核心力量。

另一个我们会想到大的金融机构，比如开发性金融机构大力推动城市建设和投贷模式的结合，实际上是推动城市建设投融资体系机能的完善。

这些公司和机构在城镇化领域浮沉二十多年，专业能力相对很强，成为了行业的主导和中坚力量，真正成为城镇化进程中的稳定获益者。

4. 第四重境界：木剑无滞

“木剑”是“手中无剑，心中有剑”，此时的独孤求败如将思维局限在如何用重剑取胜上，则会大大限制以后的境界提高，此时他悟出“不滞于物”，以往习剑，思路在如何使用剑上，但是很多武学的至理是相通的，不想局限于此，于是草木竹石均可为剑。

对应第四重投资境界为看模式。

这一境界的投资企业已经告别浮躁，走向淡定，不滞于物，企业领导者的企业家精神十分明显。

这类企业已经跨过了具象投资项目的阶段，很多企业已经认识到城市建设有自身的规律，对政企关系认识得越来越深刻，属于什么都可以运作的投资人，城市建设缺什么知道补什么，没有机会可以创造机会，没有模式就创新模式，资源整合能力和运作能力非常强，企业的各项业务也能在这种模式创新下充分获益，城镇化领域中很多优质企业是都带着这样一种属性发展起来的。

这一阶段的投资人懂得政策方向，因势利导，形成了一套独特的、完整的、适合企业自身特质的商业模式，让企业发展进入了一个新的层次和格局。

5. 第五重境界：无剑无式

“无剑胜有剑”在武学上是至高无上的修为，在人生态度上，所谓的无剑不一定指的就是无形剑气，而是一种攻守兼备，从容不迫的人生态，也是一种收放自如、动念有度的平衡态。

说到无剑，金庸笔下有两项神功，六脉神剑纵横万里、无往而不利；黯然销魂掌震古烁今、气象万千。这两种武功都已到了无剑的境地，而段誉和杨过用起来的时候总是缺陷明显，时灵时不灵，总是在紧要关头才使得出来，究其原因，物我两忘，于人于事不再执着，才是真正的“无剑胜有剑”。

对应第五重投资境界为看信用。

这一境界的投资人完成了从有形到无形，从具象到抽象的蜕变，要达到这样一种境界，投资人需要对城镇化的本质有非常深刻的认识，了解城市发展的内在规律和动态平衡，对政策变化和行业发展有很强的预判，知道投资的核心是建立企业、城市和社会的信用体系，推动城市的良性发展并形成一系列信用完整的项目，这一阶段的投资人对城市系统认识深刻，高屋建瓴看风云，化繁为简再超越。

随着政企关系的磨合和城市信用管理体系的不断完善，未来的城市建设领域会逐渐涌现出这样的优质企业。

至此，通过对投资企业五重境界的总结，我们可以借用一个著名的公案：未做投资之时，见山是山，见水是水；及至后来，亲见知识，有个入处，见山不是山，见水不是水；而今得个休歇处，依然见山只是山，见水只是水。

所以，我们在这里和大家探讨如何看投资，很重要的是需要围绕城市发展规律，多一点系统思维和立体化视角，在抓住如何做好投资这个核心的时候，可以回味城镇化过程中的那些生动的故事和需要我们冷静下来认真思考的问题，不断修正和完善自己的投资。

找到千里马的跑道

千里马需要的不是伯乐，是跑道。

——投资经理心得

最近最常被问到的一个问题是，PPP 市场规模是否会继续增长？市场化的投资机会会增加还是减少？

大家之所以这样问，是因为近几年出台了很多抑制 PPP 投资增长的政策，很多人在想是不是 PPP 发展得过快了，国家要予以打压，PPP 投资规模是不是要降下来了。

其实这是个伪问题。关于 PPP 模式，如果我们去掉其“高大上”的层面，往小里说，它不过是城镇化建设项目和公共服务项目落地的渠道之一而已。

根据 PPP 有例的数据平台监测显示，无论入库与否，规范程度如何，2017 年算是历史最高峰，PPP 项目总体上成交了 3200 多个，总投资规模达到 4.5 万亿元左右。其中投资规模最大的园区新城类项目，总投资规模超过 6000 亿元，大概要 10 年才能够全部释放；另外是轨道交通类项目，总投资规模超过 1300 亿元，需要 4～5 年才能全部完成；剩下的项目，也需要 2～3 年才能够全部完成。

这么看起来，相对于近几年超过 60 万亿元的城镇固定资产投资规模来说，PPP 带来的投资规模还远远算不上大，说它发展快，只是与自身比较而言罢了。

进一步的回归本源，带来投资机会的，不是 PPP，而是城镇化。

中央经济工作会议提出了一个很关键的概念，那就是我们的经济发展方式，要从高速度增长向高质量发展转变。

这个提法对于未来的城镇化发展是一个重要的信号，过去我们进行城镇化投资，速度是一切，这是我们维持 GDP（国内生产总值）高增长的重要抓手。但是这种路子现在衡量起来就显得很粗放，大量项目落地时缺少更加长远的考虑。

要让城镇化变得高质量，首先需要慢下来，只有缓解维持高增长的压力，我们的地方政府才有心思去考虑更系统化的发展方式。

而企业要转型，内部的转变是基础。但要真正实现转型还需要借助大势，抓住外部能够让自身转型探索落地的投资机会。

在高质量的总目标之下，围绕城镇化还有很多具体的提法，这些提法代表了几类新的机会。我们简单地将这个大势分成四类机会。

1. 标准升级的机会

进行技术研发，是企业最常用的提升竞争力的手段之一。但是要把技术研发的投入变成效益，则需要有市场需求做支撑。

高质量发展要求带来的首先是环保标准的提升。

环保标准的提升会给在环保和生产技术上有投入的企业提供最好的机会。

过去一般的污水处理、垃圾处理谁都会做，你的技术再高，处理能力再强，奈何我不需要这么高的技术水平，既然政策标准没定那么高，自然是怎么省钱怎么做，粗放的处理方式最省钱，所以具有高技术的企业有时不见得能够成为高市场占有率的企业。

而环保标准一旦提高，则会有一大批老企业被淘汰。

环保标准只是一个例子，各行各业都有自己的标准，无论是否完全由政策决定，但标准提高却是最确定的大势所趋，企业首先要思考一下，自己的技术水平是否已经准备好迎接高标准的时代。

2. 城镇化梯度发展和模式优化的机会

大城市的聚集效应谁也挡不住，这是全世界的发达国家都证明过的。

北京、上海、广州、深圳、杭州等一线城市，论硬件水平，与发达国家的大都市比起来，并不算差。

但是中国的现代化不能只靠这几个一线城市去支撑，去发达国家旅行过的人们经常感叹的不是他们的大城市多么发达，而是中小城市甚至乡村建设得也不那么差，人们有更多的生活选择。

中央经济工作会议中提出来的公共服务均等化、基础设施连通以及引导特色小镇健康发展，皆是围绕城镇化相对均衡发展的新目标提出的。

特色小镇之所以在短短两年时间里火遍全国，本质上是因为它给了在大城市中苦苦血战的资本一条疏解的通道，给了二三线城市甚至乡村一次发展的新机遇。

大城市的投资机会是有成本的，当这种成本高到一定程度时，资本自然会在政策的引导之下，流向成本更低的地区，寻求新的投资均衡。

除了特色小镇这样的众乐乐概念，雄安新区、大湾区这样的千年大计概念也格外引人注目。虽然不是每个企业都有能力和机会参与到这样的大战略之中，不过我们还是可以探求一下这些重大战略的本意。

千年大计，不是十万火急地建完，用上一千年，我认为大概还是要探索一种新的城镇经济模式，可以面向未来千年的长远发展。

这种模式是什么，这里就不讨论了，我也没有权威的答案，说不到点子上，不过我相信这样的模式最终会成为大多数城镇的常例。

所以在那些尚未被概念催热的地区，每家有志于探索城镇化新经济模式的企业，都还有提前布局的机会，很多创新就产生在无人关注的地区，没有被大多数人的眼光注视，何尝不是机会呢？

3. 政策放开的机会

在城镇化领域投资的企业，没有不关心政策的，因为没有政策允许，就没有投资机会，特别是在政府财政越来越有钱的时代。

没钱的时代，无论是上层政策，还是地方政府，都愿意让各种公共服务行业产业化，让企业来投资。

不过随着产业化带来的公共服务属性与企业盈利导向之间的矛盾日益凸显，很多公共行业的政策从价格端和进入端开始了管制，民间资本的机会反而开倒车了，医疗行业就是这样的典型领域。

在 PPP 领域，医院项目总量不算多，而这些有限的医院项目基本上也都集中在医院的硬件建设上，运营仍然回到公立体制。

卫生部门是最没有积极性开展 PPP 的，因为国家对医疗领域的资金投入是比较充足的，自己有钱，自然没有必要让企业来做。

不过，随着供给总量的增加，光有硬件是没用的，服务质量的提升才是高质量发展的下一阶段目标。国家提出的医疗、养老等行业进一步向民间资本开放，最终目标还是要改善服务，这一次是更优服务的需求，而不是钱的需求。

4. 地方政府主动寻求创新的机会

在城镇化领域，政府实际上是一切投资机会的发端地。

从创新的动力而言，大多数地方政府过去扮演的是一个慢变量的角色。

有人说凡是在政府管制之下的行业，都是红海领域，道理或许就在政府的偏好心理上，既然创新有风险，那么不如选择最成熟的。

所以地方政府在选择投资方的时候，最喜欢设定几个门槛：企业规模要大，企业资金实力要强，企业资质要高，企业要有类似的成熟项目业绩并且多多益善，而项目本身，则一定要三审五审，确保企业只能赚到合理利润，千万不可让企业赚多了，否则要承担财政损失或是国有资产流失的风险。

后果也是显然的，在这样的心态之下，城镇化是不会有什么创新的，大企业越来越大，中企业艰难求生，小企业几无机会，门槛只能越来越高。

地方政府之所以这样选择，除了为降低自身的风险之外，另一个原因就是求快，别人做过的、大企业来做的自然是最快的。

所以，在这种心态之下，创新企业想与地方政府合作，是不可能有多少机会的。

不过可喜的是，最近我看到了一些变化，在十九大以及 2017 年年底的中央经济工作会议之后，有些地方政府也开始追求一些新的东西，一些新的概念，甚至愿意花一点时间与企业探讨，这样的地方政府目前我看到的虽然不多，但相信会越来越多。

企业能够找到一个愿意接受一点新概念、愿意牺牲一点速度来尝试一些新的做法的地方政府是很不容易的，这是我们在看项目的时候应该着重关注的另外一个重要因素。

今日的因，种下明日的果。

城镇化领域，一项概念一旦热起来，为大多数城市所接受的时候，基本上就到了收割成果的时候，种子通常需要提前三五年甚至十年种下。

十几年前的碧水源，若没有膜技术的积累，就不可能抓得住奥运之前北京环境提升的投资机会，也不会有如今在水处理领域的所向披靡。

十几年前的华夏幸福，若没有抓住环京地区大树底下不长草的投资困境，在土地招拍挂政策出台后挺进一级市场，就不会有今天产业新城领军者的地位。

这些企业所抓住的机会，来自于政府的某种渴求，更高标准带来的技术渴求，发展诉求下的资金渴求等。

在这个看上去并不缺钱的年代，地方政府迎来了第三轮渴求，对新模式、新概念的渴求，能够最先意识到这一点的地方政府，就是最佳的投资机会合作伙伴。

我们的经济生活中有很多概念，每个概念其实就是一条跑道，总有或多或少的企业在这条跑道上竞逐着。

城镇化领域里，成型的跑道越来越拥挤，大家都挤得有点喘不过气来，千里马竟也跑不过大象了，因为都挤在一起的时候，只有最大块头的才有力气挤得动、走得动。

新时代的千里马需要的不是伯乐，是跑道，城镇化的新时代，我仿佛看到无数新的概念等待发掘，每个新的概念都是一条新的跑道。

新的十年投资大势已经展开，荣邦瑞明的投资顾问团队，与你一起找到属于千里马的那一条条新跑道。

传统基础设施投资企业的战略困境

面对不可知的未来，根本不存在长线资产。

——投资经理心得

年底做总结，年初订任务。春暖花开之际，众多投资企业都在进行一年一度的例行任务制定和分配。看得更长远一点的企业，甚至在考虑制定未来更长远的战略目标。

然而，在这样一个时点之上，面向未来的战略制定愈加困难。

一个五年规划之所以能够成功，通常有赖于发展环境的稳定，而今天日新月异的科技进步，却让我们处在一个难以预测的发展环境之下。

1. 稳定的基础设施领域正在发生变化

基础设施领域的典型特点就是稳定，需求稳定，服务形态稳定。30 多年以来需求和服务形态虽有变化，但是总体上的服务特征却没什么大的变化，这给很多企业创造了一个稳定的发展环境，而今天，这一点正在发生变化。

我作为评审专家曾参加一个农村地区环保项目的评审会，政府的咨询机构为这个项目制定了一系列方案和专业文件。

这个项目主要内容就是，政府要选择一家环保服务企业，负责收集、清运和处理一个地区大概 20 个村子的垃圾，项目周期 20 年，采用的是比较常规的 BOT（建设-经营-转让）模式。政府与企业签订 BOT 服务合同，约定好每吨垃圾的收集和处理价格，政府承诺一个最低的收集量保证，并按照行业惯例设计调价公式，根据垃圾收集清运所消耗的人工、油耗、物料等各种成本增长水平，定期调整政府和企业之间的结算价格。

这本来是一个很常规、符合行业一般做法的设计，与之类似的项目可谓遍地都是，但放在今天的环境之下，似乎就是一个很不稳定的项目。

首先，我们的城镇化发展仍然处在一个快速增长期，过去农村地区的消亡，一方面来自城市的空间扩张；另一方面来自农村人口向城市的迁移。而现在这两种力量正在同时变得更强，空间上，过去城市逐渐吞并农村，变成城、镇两级共同发展；而人口迁移上，全国的传统二线大城市正在全力以赴地开展人口争夺战，特别是有教育基础的年轻人口，不问出身一律接纳。

所以，这个项目中的20个村子，再过5年、10年甚至更长的时间，还能有几个村子是切实存在而不消亡的？或者完全变成了城区也说不定，谁也说不清楚。

其次，基础设施项目之所以具有财务稳定的特性，很重要的原因，就是基于成本结构设计的调价公式在发挥作用，政府在与企业约定一个初始价格之后，会根据项目的成本结构，设计一个锚定各种统计指数的调价公式，定期调整与企业之间对于服务价格的结算标准，以保证企业从财务上具备可持续性。

不过，细想一下，电动汽车已经在向各个领域延伸，甚至无人汽车也已经开始在一些地区获准上路，在科技日新月异变革的今天，技术变革将会促使某一个行业的发展变化突然脱离所谓统计意义上的社会成本变化，也就是说，我们基于当前的经验和技术数据设计出来的公式，很可能突然之间变得毫无用处。

所以，这个项目所设计的柴油车技术方案，很有可能在10年之内变得毫无用处。

如果我们多想一想未来，那么一个常规的、为行业所普遍认可的项目做法，立刻就变得脆弱不堪。

2. 科技将影响未来的城市基础设施形态

这个项目只是一个缩影，它折射出的是整个行业所面临的变化。

2018年2月，谷歌无人出租车服务在菲尼克斯试运营，这个时间比业内普遍预期的还要早两年。

无人车会带来什么？显然它不只是一种先进的技术，它必然会给我们的生活和城市基础设施带来诸多的变化。

螃蟹褪去旧壳之前，新壳总要先屈就在旧壳之中，否则它就无法长成，直到有一天挣裂旧壳，破壳而出，旧壳才会被彻底抛弃。

同理，新的无人车要上路，总要想办法迁就原有的城市道路，想办法在这样的环境下也能够运转下去，否则它就无法获得“准生证”。但是慢慢地，当无人车技术逐渐成为城市的主流，它一定会反过来影响我们的城市基础设施形态，至于影响几何，无人可知，但是将产生无数变化却是确定无疑之事。

就像一百多年以前，汽车诞生之初，只能先在土路和石子路上与马车并驾齐驱，但一百年后，城市道路已然把汽车作为了核心的服务对象。

除了道路，与车关系最密切的基础设施就是停车场。停车场和停车场之间很少有什么竞争，停车场资产的价值，与房地产有点相似，看的是地段。你去 CBD 开一天会，就不得不承担一天 100 多元钱的停车费，除非你不开车。

而在无人驾驶汽车普及的未来，我们可以想象，当自己的车停在 CBD 中心区的写字楼下，人下车之后，车自动驶离，停到一处更远一些也更便宜一些甚至免费的停车场，当我们开完会后，一个按键，车便会自动驶回。

在仍烧油的今天，节省下的 100 元钱，足够我们开 100 多公里了，而在用电的明天，让自动驾驶汽车多行驶点里程，与 100 元比起来似乎更是微不足道的成本。

这样一来，停车场和停车场之间也产生了竞争，不是吗？

3. 传统基础设施投资企业需具备应对不可知未来的能力

这样看来，企业们过去所投资的长线的基础设施，似乎也在面临着诸多让长期价值变得不确定的因素。

城镇化投资领域，每年都有很多的会议，参加这些会议的投资企业，面孔都差不多，虽然起起伏伏，但是核心的圈子基本没有大的变化，这主要是由于过去 30 多年城镇化过程中，基础设施领域的形态，始终没有发生重大的变化，或者说变化的速度，一直在传统企业能够跟得上的水准之下，因此在稳定的发展形态下，原有的企业可以始终保持自己的领先优势。

而如今，在影响未来基础设施形态的因素中，技术进步的分量变得越来越重，发展速度越来越快，发展方向也难以预料，有的是对传统基础设施的升级，具有一定的传承和延续，有的则是对传统基础设施的颠覆。

所以，今天城镇化领域的投资企业，正在面临着重大的新挑战，那就是需要预测未来，预测未来的城市是什么样，从而寻找自己的战略方向。

但是预测又是件有点赌博性质的事情，预测的人能掌握的信息再多也不可能全面，更难以预测那些尚未发生的创新，很多企业家和研究战略的学者给出的建议就是，企业根本不用做战略，随需而变即可。

但是城镇化投资领域的企业，体量多半很大，资产多半很重，调头不易，不是想随时变就可以变的，如果不早点下手，变革来临之时，很可能连“买票”的机会都失去了。

“这个时代抛弃你的时候，连一声再见都不会说。”张泉灵这句话在网络上火了。其实这句话不单适用于个人，也同样适用于企业。

尽管政策一直在引导着我们的城市发展，但是对于未来的城市，我认为技术进步的影响要大于政策，因为回顾过去，有关城镇化的各种政策要想成功实施，首先要经济上可行，而在能够改变经济可行性因素的力量中，技术革新已经逐渐超越了我们熟悉的经济政策。

站在变革的门槛之上，我们的传统基础设施投资企业，需要思考的一个战略问题就是，哪怕不知道未来是什么样，我们也要想办法让自己具备应对不可知未来的能力，这就是今天的企业战略的“基础设施”。

长于技术，胜在格局

雨季播下的种子迟早会发芽，别等到太阳出来的时候，才慌不择种。

——投资经理心得

一直以来，PPP市场都是央企和国企占据着绝对的优势地位，一些地方政府观念上的不平等，只愿与央企和地方国企合作的固有思维，限制了民营企业参与PPP项目建设，导致民间资本参与PPP的活力尚未得到充分的释放。

但是近期以来，国家相继出台了一系列规范PPP发展的文件，对央企以传统方式参与PPP项目的情况予以了严格的控制，而对民营企业则相对放开。

根据我们“PPP有例数据服务＋投资决策支持平台”的统计数据显示，民营企业在参与PPP的过程中已经发挥着越来越重要的作用。

从财政部最新公布的第四批PPP示范项目也可以看到，第四批396个示范项目，目前已落地247个，其中民营资本参与数量为143个，占全部已落地项目数量的58%；投资额为2428.97亿元，占全部已落地项目投资额的51%，特别是在旅游、医疗、养老、市政公用事业、智慧城市等细分领域优势明显。

这一方面体现了管理层对民间资本参与PPP项目的鼓励态度和对民营市场营销工作的支持；另一方面市场对民营企业的技术要求、创新要求、运营要求更高。民营企业只有引领市场、不断创新才可以在市场上有自己的一席之地。

荣邦瑞明的投资顾问团队在为企业服务的过程中，经常会接触到不少想转型到PPP领域的民营企业，这些民营企业有做摄像头的、有做大数据的、有做照明的、有做环保新材料的……乍一接触，觉得这些企业也只能参与PPP的某一技术或者产品供应商的环节，但民营企业的老总可不这么想，他们觉得PPP是国家的政策支持方向，得抓住机遇乘势而起。

在和这些民营企业老总接触的过程中，跨界与整合是两个关键词，放空自己固有的思维局限，整合资源，创新模式，往往真的就是“柳暗花明又一村”。

我很幸运地参与过一些民营企业转型做 PPP 的探讨和路径设计，这里将分享一个民营企业抓住 PPP 机遇完成企业华丽转身并做大做强的案例，希望能给未来的民营企业参与 PPP 一定的借鉴。

1. 整合资源，未雨绸缪

这家民营企业是一家专业从事 LED（发光二极管）应用产品研发、设计、生产、销售和服务的高新技术企业，早期主要是生产 LED 小间距电视、LED 显示及集成和智能照明。过去做一个 PPP 项目的亮化和照明工程时，政府会购买企业的技术和产品，但要是企业想把亮化和照明工程主导成一个 PPP 项目，估计很多政府都提不起兴趣。

怎么依托企业的优势产品展现一个有格局的模式呢？

照明工程实际上是一个城市的美化和亮化工程，再往上就是展示一个城市的文化内涵和品牌形象，再包装一下就是很好的文化旅游的概念，很多政府是有这个需求的。

丰富概念内涵和掌握技术优势之后，再向政府推模式。这家企业在明确了这个方向后，便在 2013 年开始了一系列的行业资源整合和收购。

一是收购了一家广播电视行业显示及控制的系统集成商，它的主要业务涉及广播电视台演播室显示及控制系统、多媒体点评系统、虚拟演播室系统、广告监测系统等多个领域，为快速进入广电市场铺开了道路。

二是收购了一家照明企业，该企业是集城市夜景环境规划、建筑照明灯光设计、绿色照明技术研发、建筑照明设备生产、城市及道路照明工程专业承包等为一体的专业企业，充实了公司的照明业务板块。

三是收购了一家文化科技公司，这家公司在文化广电及剧院剧场市场、展览展示市场、公共与商业文化空间设计及系统集成市场以及旅游演艺与城市文化综合体市场等积累了丰富的渠道及客户资源，为公司向文化传媒业务领域的拓展提前进行了布局。

四是收购了一家创意公司，该公司为演艺视效提供创意、设计、视效设备及技术等综合服务，为文艺演出、电视综艺节目、会展及其他各类舞台活动提供基于 LED 技术的舞台视觉效果工程技术服务。这提升了公司在 PPP 产品和技术上的市场竞争力及品牌影响力。

一系列长袖善舞的资源整合为公司参与 PPP 行业积累了技术优势 、渠道优势 、品牌优势以及管理团队优势。这种文化为源、技术为本的商业逻辑也备受地方政府的关注。

2. 模式创新，引领发展

在整合了好的行业资源之后，如何通过 PPP 构建一个好的投资模式就成了关键。我们分析文化旅游类 PPP 项目的投资，可以分为轻资产和重资产两个部分。

轻资产部分的内容有：都市文化主题情境互动秀、虚拟现实互动体验园、健康养生主题体验馆、运动社交营地、美食展演体验及餐饮社交街区、农耕文化体验基地等，这些项目都具备很好的经营性，可以和公司的优势产品相结合。

重资产部分主要包括市政配套设施、供配电、道路桥梁、绿化、土建、通用设备等，这些投资在项目总投资中占比较大，公司在这一领域并无优势，需要整合其他投资人进行投资。

在 PPP 模式的设计中，这家民营企业采取了轻资产项目和重资产项目分开的方式，分别成立项目公司。

市政配套设施、供配电、道路桥梁、绿化、土建、通用设备等重资产项目采用 DBOT（设计-建设-经营-移交）方式，由重资产投资建设 SPV 公司负责投资建设，建成后 10 年内由政府平台公司通过使用者付费和可行性缺口补助方式覆盖重资产投资建设 SPV 公司的投资成本和投资回报。

经营性轻资产投资也采用 DBOT 模式，由轻资产投资运营 SPV 公司负责设计、建设、运营，经营期内的经营性收益、政策性补贴、经营性轻资产所有权归轻资产投资运营 SPV 公司所有，经营性轻资产所有权在经营期满后向政府平台公司无偿移交。

在经营期内，轻资产投资运营 SPV 公司采用 LOT（租赁-经营-移交）模式向政府平台公司租赁使用本项目重资产，并负责项目合作范围内资产的维护运营，承担维护运营成本。

本项目运营期内，轻资产投资运营 SPV 公司支付的租金、招商产业税收贡献、就业贡献、周边业态带动和土地等资产的商业价值提升以及向政府平台公司分配的股权分红部分，应用于覆盖政府平台公司为本项目支付重资产投资建设投资成本、资金成本，以及为本项目国有建设用地部分所支付的拆迁成本。

这样的政企合作 PPP 模式的设计既保证了投资运营的独立性，又有效控制了投资风险，规范的投资模式也获得了政府的认可，企业通过好的商业逻辑和投资模式引领，做成了几个极具引领性的示范项目，迅速占领了市场。

投资向来不是一件简单的事情，PPP 广受追捧的时候，很多企业会自信、兴奋、盲目地追随市场，希望拿下更多的项目；PPP 收紧的时候，又变得非常谨慎、恐惧和困惑，他们不是想着深耕企业的优势，修好内功，而是慌不择路，想着赶紧脱手，这就是市场的众生相。

未来，在政策的支持下，民营企业将会在 PPP 行业的很多专业领域里发挥越来越重要的作用，也希望我们的团队能够更多地与这些企业一起成长和创新，在雨季的时候播种，共同迎来秋天的丰收。

政策让人又爱又恨

政策用好了是利润，用不好则是成本。

——投资经理心得

城市建设领域政策特别多，粗略地梳理一下，与各类项目建设相关的政策数量至少也要以数千计。因为这个领域的政策体系最早是从计划经济时代一脉相承发展而来的，至今也是各级政府发展经济的核心方法之一。由于受到政府的高度管控，因此这个领域的政策对于操作层面的事儿涉及得很深，一项工程具体该怎么干，琐碎之事众多，自然相关的政策也多。

从 20 世纪 90 年代初期，随着房地产和土地改革的开始，城市建设领域才逐渐对企业开放，越来越多的企业参与其中，但是这个领域始终处于政府的高度管制之下，要参与其中，企业少不了要与各级政府打交道，也少不了要研究政策。

政策是一个内涵丰富的词，西方相关的理论颇多，国内也有不少学者研究这个领域，不过企业通常只管按照政策做事儿，因此也就不大研究理论问题。我们抛开学术上严谨的定义，用实用主义的角度来看，在城市建设领域的投资企业心里，所谓的政策，指的就是政府允许企业干什么项目、不允许企业干什么项目、项目允许怎么干、项目不允许怎么干，都是与自己利益攸关的事儿。

别的领域，迎合市场是最重要的，只要不犯法，那就没人管你，但是城市建设领域，政府通常是最终“买单”的人，所以，城市建设领域的投资企业特别关心政策。

企业关心政策有以下几个原因。

第一个原因是希望“戴帽子”。

城市建成什么样，最终要得到地方政府的认可，这种认可最理想的就是写进政策里。企业有创新的动力，但是城市建设项目不是企业的自留地，不是你想怎么创新就能怎么创新的，所以企业特别希望自己发明的新产品能够得到政策认可；或者政策上说了要鼓励怎么进行，就把自己的产品往上靠，只要能进到圈子里，安全性就会大大提高，被清理的概率就会大大减小。

第二个原因通常是希望找路径。

企业投资一个城市建设项目，需要办理很多手续，拿到一系列批文的程序。不过企业进行创新的想法，经常在政策上找不到明确的出处，因为政策通常都是滞后于实践的，但是实践还是要遵从政策，所以企业投资项目的时候，不得不把创新的想法“掰碎了”，一点一点从政策上找到一条路。

第三个常见的原因是盼望得到补贴。

财政补贴是一类最常见的政策，当政府要鼓励某类项目或者产业时，经常会出台各种各样的减免、补贴和奖励政策，这些政策能改善某类项目的财务状况，降低企业的投资经营难度，所以很多投资企业都希望自己的项目能靠上财政补贴政策，这有时比经营获利要来得容易。

第四个原因是希望从政策中抓到未来的方向。

大势来了好赚钱，逆势而上风险大。城市建设投资也是一样的道理。政府的创新通常是通过政策传达的，在政策中提出的新概念，很有可能引领未来城市发展的新市场，比如20世纪80年代末的房改政策创造出了持续近四十年的房地产市场，2002年的土地招拍挂政策则创造出了一级土地市场。

政策用好了是利润，用不好也容易让企业迷失。企业极度关注政策的心态在投资城市建设项目的时候表露无疑，很有意思。

一种心态是贪大求全，总想把政策用足了。

这种心态在一些复杂项目上比较常见，比如我曾经给一家地产企业做顾问，研究一个很大规模的旧工业区改造项目，甲方的负责人提出的第一个要求，就是要让我研究政策，他说自己这个项目的概念是很丰富的，既有工业遗产保护，可以往文化政策上靠拢；也有土壤修复，可以往环保政策上靠拢；还有旧住宅拆迁，可以往棚改政策上靠拢；还有产业引入，可以往招商引资政策上靠拢，还包括绿色建筑、科技创新、风险投资等许多的概念可以用得上，所以要求包装项目的时候一定要把这些有关的支持政策全都用上，光从各种财政补贴上就能得到不少优惠。

政策多了，有时难免有点患得患失，总怕有什么没用上的，岂不是亏了。

于是乎不停地找各个政府主管部门反复沟通，要把鼓励政策各种渠道弄得一清二楚。结果各种鼓励政策互相之间都不搭界，各部门原来出政策的时候都是站在本行业、本部门的管理角度出发去制定的，顾得了这个就顾不了那个，谁也不知道怎样把所有的政策都捏合到一块儿用，结果导致执行团队精疲力竭。

一种心态则是半信半疑，总怕政策变化。

由于城市建设领域政策太多，有很多政策是阶段性调控性质的，政策出多了，难免有些政策并没有发挥过什么实质性的作用。有很多企业经历的政策多了，有时会有点麻木心态，突然来了一个大政策的时候，反而变得半信半疑，大政策有时候需要企业做出大的调整，这时就有很多企业想再等等看，等着等着就有点掉队了。

前几年国家从管控地方政府债务的目的出发，开始严控地方政府平台公司融资，推行 PPP 的时候，很多投资企业颇是观望了很长时间，不愿意进场。在他们的印象中，基础设施市场化已经进行过好几轮了，后来还不是被平台公司的发展压制了，没准哪天 GDP 增速放缓，又要依赖平台公司去投资了，所以还是等等看吧。

有这种心态的，不光是没有经验的新企业，有经验的老企业也经常被自己的经验给蒙蔽了。

还有一种心态是“拿着鸡毛当令箭”。

企业最有创新的动力，奈何有时创新的思路与现有的政策是矛盾的，遇到这种情况时，企业盼政策就盼得望眼欲穿，一旦发现有哪个政策的行文似乎支持了自己想法，立刻觉得重大的转折性时刻出现了，深入操作层面时，发现实际上这些政策写得模糊，落不了地，不免非常失望。

城市建设领域，出政策的部门很多，简单来分类，可以分成行业主管部门和专业主管部门。而在出政策这件事儿上，几大核心的专业主管部门话语权似乎越来越大，比如规划、国土、发改、财政，每个城市建设项目都绕不过这几大部门的政策。

回溯三十年，我们的城市建设刚刚驶入快车道，法律法规的空白地带还很多，这些空白地带要靠各个部门在实践中不断地出台政策来加以补充和解释，所以法规粗而政策细，出台一个政策经常能带来很明显的效果。

经过三十年的制度发育，围绕规划、土地、基建程序和预算管理的法规及细则发育越来越完善，只要这几个领域的政策没有大的变化，行业主管部门不管怎么进行政策创新，也无法跳过这几个关键节点，所以我们经常看到行业主管部门出台的政策，影响力越来越弱，至多修订一下标准，提出一些新理念，如果能有一定资金上的补贴，就算是比较落地的政策了。

所以，企业也学得越来越精明了，看到新政策出台时，先研究是哪个部门出台的，有没有什么实质性的突破，免得自己太过失望。

种种心态不一而足，但是企业非常关心政策这件事儿是毋庸置疑的，用好了政策，确实能够为企业带来实实在在的利益。

那么到底怎么才能用好政策呢？这个问题没有标准答案，不过从对待政策心态上，却可以给企业打两个比方。

在具体项目上，用政策好比打麻将，政策很多，想把各种政策的好处都用到了，就好像打麻将想胡大牌，胡大牌不容易，还要做好胡不了的准备。想让项目推进得快，就不要总想着胡大牌，还是要找与自己项目真正对路子的政策。

在企业发展过程中，对待政策好比打仗，战略上要藐视政策，战术上要重视政策。毕竟没有哪个成功的企业全依赖政策支持就能够成功，政策最多创造了企业发展的环境，能不能成功还要靠自己，所以说战略上别有政策依赖症。不过具体做起事情来，则还是要规规矩矩按要求来，别总想着“打擦边球”，否则总是提心吊胆，企业是做不长久的。

如今政策已经越来越多，创新越来越难，但是城市发展的政策转折也在孕育之中。读懂政策，用好政策，准备好迎接城镇化新时代的政策转折，这是每个城市建设领域的投资企业都应当努力做好的功课。

第九章

投资方法

基建项目投资的真正杀手——通货膨胀（上）

盛世买通胀，乱世买稳当。

——投资经理心得

基础设施项目稳定，不太容易受到外界经济环境变化的影响，这是投资界公认的特点，特别是水、电、气、热这些有现金流的项目，更是受到长线投资者的青睐。

与市场化的商机比起来，这类项目相对简单得多，似乎人人都看得明白，好坏差别不大，其实隐患都在细节里。

我们拿一个污水厂举个例子，A 市向老百姓收取的污水处理费，是一吨水 0.8 元，这个价格是综合考虑成本和老百姓的承受能力定出来的，与每一个具体项目的污水处理成本多半对应不上。

A 市要建一个 3 万吨的污水处理厂，总投资 7000 万元，要引入一家投资企业，完成污水处理厂的建设，并负责运营 30 年，最后移交给政府，这也就是我们常说的 BOT 模式。

A 市政府与投资者之间按照多少钱一吨结算污水处理费，这个结算价格就要靠投资者报价了，大家都有能力把污水处理合格了，自然谁报价低政府就把这个项目给谁。我们假设 B 公司报价最低，报出了 1 元/吨的污水处理结算价格，拿到了这个污水处理厂的特许经营权。

但是显然这个 1 元/吨的价格比 A 市政府向用水人收的污水处理费要高一点，而 B 公司并没有权利去改变 A 市的污水处理费价格，所以实际上 B 公司的报价是一个影子价格，或者简单点解释，是 A 市政府支付给 B 公司的价格，与老百姓交了多少污水处理费没关系。

在这里，价格是“双轨制”的。

价格双轨制带来了另一个在基础设施项目上很常见的机制，就是调价。

网上有一张图片很流行，是一张 1986 年全聚德的菜单（图 9-1），从菜单上我们可以看到，30 年前，一只烤鸭，只要 10 元，一盘木须肉，只要不到 1 元，放到今天，同样的菜品，价格大概要乘以 20 倍。

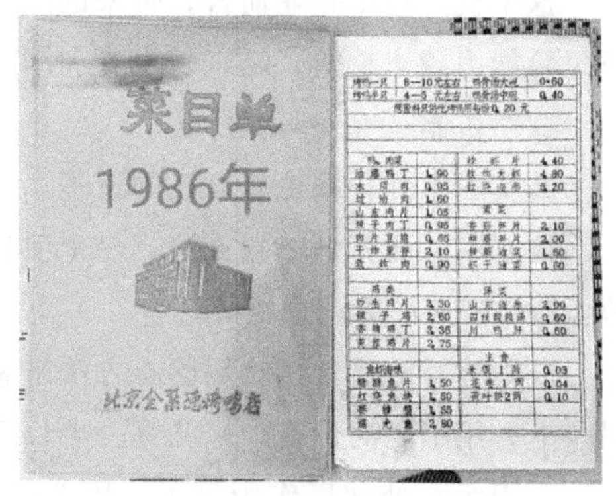

图 9-1　1986 年全聚德的菜单

这就是通货膨胀，或者说货币的购买力下降了。

通俗点说，商品都在涨价，对于一般的企业而言，工人工资涨了，原材料涨价了，那我的产品或者服务也要涨价。

而像污水处理这样的公共服务项目，企业既然没有定价权，那么总要有一个出口来帮助企业抵御不可避免的通货膨胀问题，所以定期调整政府与企业的结算价格，也就成了一个必不可少的机制。

那怎么调价呢？通常的做法就是设计一个调价公式，让结算价格与社会平均的成本增长水平挂钩，定期调整。

不过调价公式也有两种流派：一种是成本弥补派；一种是购买力弥补派。

所谓成本弥补派，他们设计的调价公式大概意思是这样的。

还是用上面那个 A 市的污水处理厂做例子，开始时，A 市政府和 B 公司的结算价格是每吨污水 1 元钱，其中人工、药剂、电费等企业的直接支出成本，大概占了 0.4 元/吨。第二年的时候，由于通货膨胀的原因，直接成本变成 0.42 元/吨了，那么 A 市政府与 B 公司之间的结算价格相应地会调整成 1.02 元/吨。

为了方便说明，此处我们假设调价公式按照社会平均水平调整的幅度与企业的实际成本增长相同，这并不代表 A 政府是按照 B 公司的实际成本调整的。

这时候，我们可以看到 B 公司每天处理 3 万吨污水，可以赚到大概 0.6×30000＝18000 元。

还要解释一下，这个 18000 元，包括了折旧和毛利，比较接近我们说的经营性净现金流量，不是利润的概念，为了简单说明，请忽略专业上的不严谨。

在这个机制之下，不管成本怎么增长，B 公司下一年还是每天会赚到 18000 元，30 年后，还是每天会赚到 18000 元。

用烤鸭来计算，今天，一只烤鸭大概 200 元，B 公司一天能够赚到 90 只烤鸭，按照过去 30 年烤鸭涨价的速度，30 年后，一只烤鸭大概会涨到 4000 元，B 公司每天大概能够赚到 4 只半烤鸭。

此处我无意预测 30 年后人民币的购买力，只是为了方便说明。

这个机制对于企业而言，带来的一个结果，就是这个项目的价值越来越低，抗风险能力越来越差，越来越没有利润。

这个机制有毛病吗？

其实成本弥补派也有自己的道理。

按照财务测算的一般方法，一个项目具不具备投资价值，通常我们会用内部收益率（IRR）指标去衡量。

成本弥补派通常喜欢用静态方法来做项目的财务测算，也就是站在现在这个时点上，用不变的价格，来测算一个长期项目的内部收益率水平（图 9-2）。

还用污水处理厂作为例子，用 30 年不变价格来测算，初始投资了 7000 万元，每天处理 3 万吨污水，收入 3 万元，毛赚 1.8 万元，30 年下来，大概的内部收益率在 8%左右，看上去是个还不错的投资项目。

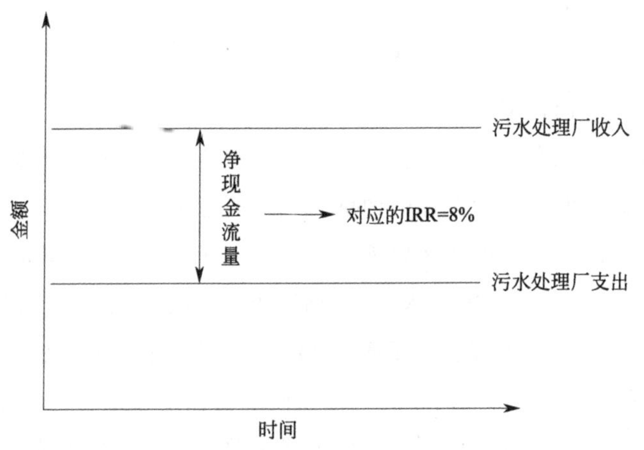

图 9-2　静态不变价格测算下的项目现金流量

（资料来源：PPP 有例）

那么在设计调价公式的时候，首要目标自然是让这个项目的 IRR 在调价机制之下，保持稳当；或者换言之，要使项目周期内经营性净现金流量保持稳定，所以调价公式的作用就是要弥补企业的直接成本增长，出现的就是我们前面提到的机制了（图 9-3）。

这样的机制对企业不好吗？也不见得。

项目越来越不值钱，意味着另外一件事儿，那就是该赚的钱在前期都已经赚回来了。

不过与购买力弥补派相比，风险也是客观存在的，就是怕通货膨胀。

这里我们不得不对 IRR 这个概念进行更多的分类。

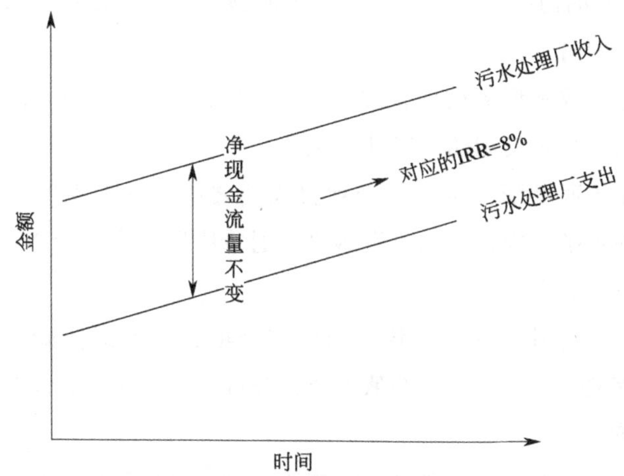

图 9-3 考虑成本增长和成本弥补型调价公式后的项目现金流量
（资料来源：PPP 有例）

企业在投资的时候，通常会制定一个投资标准，比如项目的内部收益率不低于 7%之类的。

这个说法之中，虽然没有与通货膨胀发生什么关系，实际上它已经隐含了通货膨胀在内。

比如最近两年的通货膨胀率是 3%，银行长期贷款的基准利率是 5%，那么企业的决策者们在确定投资标准数字的时候，通常会在 5%以上，比如 7%。虽然没有提到通货膨胀，实际上这个决策的含义是，如果通货膨胀率长期稳定在 3%，那么能够接受的投资内部收益率标准就是 7%。

所以这个 7%的内部收益率，又叫做名义内部收益率，即名义 IRR。

而扣除了通货膨胀因素，真正赚到的收益部分，我们管它叫真实内部收益率，即真实 IRR。

真实 IRR＝名义 IRR－通货膨胀率＝7%－3%＝4%。

这样去描述 IRR 和通货膨胀率的关系，在严谨的学术研究者看来，完全是说不过去的，不过为了简单说明起见，请读者见谅。

回到我们刚才聊过的那个污水处理厂，在所谓的不变价格测算之下，其内部收益率达到了 8%，这个内部收益率实际上是名义 IRR，也就是默认包含了通货膨胀因素的内部收益率水平。

假设我们在测算的时候，最近几年的平均通货膨胀水平稳定在 3%，并且我们预期未来仍然会大致在这个水平上。

我们说 8%的收益率水平不错的时候，实际上说的是，在通货膨胀率预计长期稳定在3%左右的前提下，这个测算下来能够达到8%的名义IRR的污水处理厂，是个不错的项目。

而附加了弥补成本型的调价公式后，这个项目无论成本怎么增长，通货膨胀率怎么变化，项目的名义IRR依旧是8%。

换言之，如果通货膨胀率在整个项目周期之中，平均很低，比如只有2%，那么投资人就赚到了，因为他的投资跑赢了通货膨胀6个百分点，他的真实IRR达到了8%－2%＝6%。

但万一发生了意外，则很麻烦，如果整个项目周期通货膨胀率平均达到了5%，那么他的投资只跑赢了通货膨胀3个百分点，他的真实IRR只有8%－5%＝3%，比预期的要低。

若项目过程中他遇到了一段高通货膨胀时期，从实际购买力而言，通货膨胀水平达到了10%，那么他的投资收益输给了通货膨胀，根本没赚到钱。

这种事儿会发生吗？“90后”的一代投资经理们大概难有这样的切身体会。

在20世纪90年代中前期，我国的CPI指数达到了平均10%以上的水平(图9-4)，当年第一批进入中国的外商基础设施投资企业，正值通货膨胀的高峰时期，他们是绝对不接受成本弥补型的调价公式的，他们都选择了另外一种调价机制——购买力弥补型，见下一节。

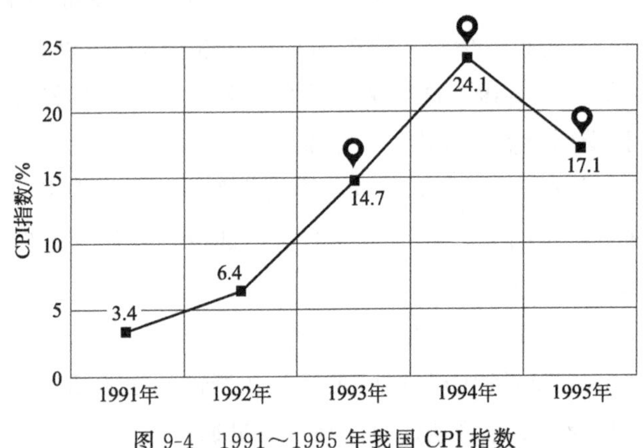

图9-4　1991～1995年我国CPI指数

静态调整型的公式，有各种各样的变形存在，比如以固定资金成本水平报价的长期政府付费型基础设施项目等，不妨自己做一下思考，其实在基础设施领域，它无处不在。

基建项目投资的真正杀手——通货膨胀（中）

Nominal IRR，Real IRR，“傻傻分不清楚”。

—— 投资经理心得

上一节我们讲了在基建项目调价机制上的成本弥补派和这类机制的优劣，本节我们讲讲另外一派，购买力弥补派。

1. 购买力弥补派：“通货膨胀后，企业是赔是赚?”

20 多年前，外商投资企业刚刚进入中国并投身于基础设施项目的时候，正值国内的通货膨胀率最高的时期，可以想象，初来乍到的外国人，要与陌生的政府合作，投资一个回报周期十几年甚至更长的项目，他们最担心的是什么呢？当然是真实的收益，那真实的收益怎么衡量呢？

在公共服务领域，定价的时候，不同的国家之间，如果要借鉴经验，考虑消费者的承受能力，简单地用汇率来转换有时候难以说明问题，上一节我们用了北京烤鸭做例子，不过北京烤鸭的地域性比较强，很多人没感觉，所以这次我们换一下参照对象。

国际顾问们找了一个更加简单的一般等价物作为比较对象，就是麦当劳的汉堡包。

麦当劳的店面开遍了全世界，无论是发达国家还是发展中国家，普通老百姓都能够轻松地负担一个汉堡包的价格，它的定价已经综合考虑了地区之间的成本差异和购买力差异。

回到上一节我们例子中说的污水处理厂，外商投资了 7 千万元，如果用 20 元一个汉堡包来衡量，大概能买到 350 万个汉堡包，十几年过去了，项目结束了，投资者赚回了 1 亿 4 千万元，看起来翻倍了，用科学点的指标 IRR 表示，达到 10％的内部收益率水平，很不错了。

不过此时汉堡包已经涨价到 100 元一个了，赚到的 1 亿 4 千万元只能买到 140 万个汉堡包了，从购买力的角度而言，投资了十几年的项目，其实没有赚钱，反而巨亏了。

加上20世纪90年代中期，亚洲金融形势不稳，外商企业对人民币贬值也是忧心忡忡，万一投资了几十年，换回本币亏更大了怎么办。

所以保证投资项目能够抵御贬值风险才是投资者考虑的核心问题，在这种考虑之下，基建项目调价公式设计上的购买力弥补派产生了。

2. 购买力弥补派："我是防贬值的调价公式"

购买力弥补派的原理也不复杂，主要就是让明天赚到的钱，购买力与今天一样。

我们继续说那个污水处理厂，开始运营的结算水价是1元/吨，其中成本占了0.4元，毛赚0.6元，第二年的时候，成本涨了5%，变成0.42元了，上一节成本弥补派的做法是将价格调整到1.02元，让企业赚到的0.6元在绝对值上不会减少。

而购买力弥补派的做法则是，将价格调整到1.05元，让企业在通货膨胀5%，或者说货币购买力降低了5%的情况下，让企业可以毛赚0.63元，多赚5%，以抵御通货膨胀带来的购买力降低。

如果用公式来表示，可以简单地把购买力弥补型的调价公式描述如下。

$$P_{n+1}=P_n(1+\mathrm{CPI}_n)$$

式中，P_n 指第 n 年的结算价格；CPI_n 指第 n 年的通货膨胀率。

从这个公式中可以看到，价格整体上都在跟随通货膨胀率进行调整，而不是只弥补成本增长的部分，所以为了更好理解，有时也叫它全价格调整型公式，后文的全价格调整型公式，其实与购买力弥补型是一回事儿。

可以用图来更形象地说明这个问题，静态测算下，污水处理厂的项目现金流如图9-2所示。

当我们预测，在项目的合作周期之内，通货膨胀以每年3%的水平增长，那么按照购买力弥补派的调价公式，污水处理厂项目公司的现金流会变成如图9-5所示。

图中，项目公司的净现金流随着通货膨胀不断增加，保证了项目公司赚到的钱的购买力始终与最初相同。

而产生的另外一个连带现象就是，我们会发现项目公司在静态测算下的IRR 8%不再是一个名义IRR，而变成了真实IRR，这个项目的名义IRR=真实IRR 8%+通胀率3%=11%。

而在成本弥补型的调价公式下，由于不管通货膨胀怎么变化，项目的IRR都是8%，所以在这种调价公式之下的IRR是一个名义IRR，真实IRR=名义

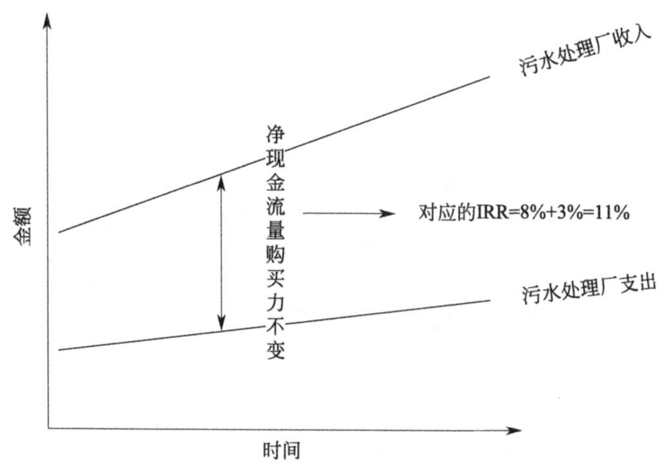

图 9-5 变化后的污水处理厂项目公司的现金流

IRR（静态测算值）－通货膨胀率。

购买力弥补型的调价公式从理论上而言，受通缩的影响比较大，在通缩的情况下，项目的名义 IRR 会下降。不过对于基建投资这种长期项目而言，大概没有什么人会预期在长周期上发生持续的通缩。

3. 购买力弥补派："看上去很美"

这个公式看上去对企业来说很不错，是不是就很完美了呢？其实也不尽然。

由于大多数企业都是以名义 IRR 为标准来决策是否投资的，而不是以真实 IRR 为标准，所以我们还是用图 9-2 来说明这个问题。

一家企业投资前文提到的污水处理厂，这家投资企业的投资标准是 IRR 达到 8%，这个 IRR 是名义 IRR，现在的通货膨胀率大概是 3%，可以理解这家企业的投资标准是真实 IRR 达到 5%。

在静态测算之下，这个项目的 IRR 是 8%，政府以此为基准向企业发出了邀约，请企业来报价。

由于这个项目采用了购买力弥补型的调价公式，图 9-2 中的 IRR 实际上是项目的真实 IRR。

而企业投标的时候，需要进行评估，企业假设有 3%的通货膨胀，那么企业按照自己的投资标准进行评估，结果显而易见，早期的报价会远低于政府在静态测算下估计的价格，为了维持 8%的 IRR 水平，项目的现金流形态变成了早期收窄、远期放大（图 9-6）。

周期越长、通货膨胀率预测越高的项目，前期的项目现金流收窄越严重，甚

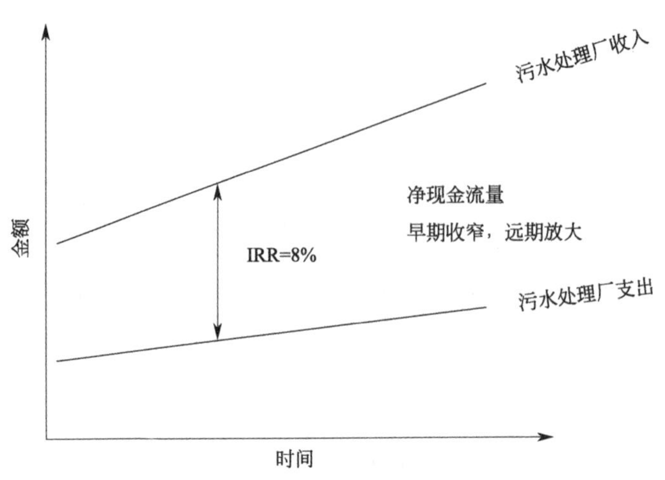

图 9-6 项目现金流的早期收窄、远期放大

至会到成本线以下。

这种结果会在很大程度上使得企业的投资回收周期变长，并且前期现金流不佳，还款能力比较差，项目中前期赚到的钱几乎全都用来还银行贷款了，企业赚钱更多地依靠项目中后期。

有很多污水处理、垃圾处理等类型的市政公用项目，政府在邀约之前，用了静态测算的方法来估计企业的报价，殊不知如果项目的邀约合同中用了购买力弥补型的调价公式，会带来完全不同的结果。

4. 购买力弥补派："大家有时会对我产生美丽的误会"

还是前面那个污水处理厂的例子，政府在向企业发出邀约之前，政府的财务顾问用静态测算的方法计算后，按照当前企业普遍要求的项目内部收益率 8%的标准，企业报价大概会在每吨污水 1 元。

结果实际投标下来，排名第一的投标人，报出的价格只有每吨污水 0.7 元，比当下向消费者实际收取的污水处理费还要低，排名二、三的企业报价也差距不大。

政府有点不理解，这是什么原因，明明我们下去调研，过去政府自己的污水处理企业都反映 0.8 元/吨的污水处理费刚刚够本，根本就没有什么回报，政府自己的财务顾问算下来，也要 1 元/吨，可是现在投标企业报出的价格却如此之低，难道这些企业都在做公益吗？

就算一家企业算错了，难道好几家企业都会算错吗？还是说市场化的企业真的比政府自己的污水处理企业管理水平要先进那么多？

分析来分析去，政府的顾问公司得出的结论是，规范运作促进了市场竞争，我们选到了水平最高的企业来运营这个污水处理厂，人家就是 0.7 元/吨也能赚钱。

事实真是如此吗？

如果你读懂了前面对于真实 IRR 和名义 IRR 的区分，就不难理解政府和政府的顾问公司哪儿弄错了。

当设置了购买力弥补型的调价公式时，静态测算下的项目 IRR 实际上不包含通货膨胀预期的真实 IRR。

而企业当下的投资收益率标准为 8%，则包含了通货膨胀预期在内的名义 IRR，所以企业报价测算的时候，会按照调价公式，在预期未来会发生通货膨胀的前提下，建立一个动态的测算模型，来测算项目的内部收益率。

如果企业预期未来的通货膨胀率是 3%，那么当在动态模型下测算出来的项目名义 IRR 为 8%时，在静态模型下，项目的真实 IRR 只有 5%而已，比政府的顾问公司静态测算下的 8%要低得多，自然企业的报价也低得多。

这个结果就是企业前期实际上一直在亏钱，中远期则靠着通货膨胀和价格调整，再把前期亏的钱都赚回来，并不是市场化的企业比政府的企业高明的原因，完全是调价机制带来的预期不同的结果。

假设极端情况下，企业中标之后，再也没有发生通货膨胀，会产生什么结果呢？没错，0.7 元/吨的价格会维持十几年，企业从头亏到尾。

类似的乌龙事件过去发生过很多，只是事件的双方常常都弄不清楚状况。

大概十几年以前，在一个中部省份，有一个十分有名的存量污水处理厂转让项目，这个存量的污水处理厂，建设大概花了两亿多元，建设完成以后，政府决定以 TOT（移交-经营-移交）的方式将其出售，招标的标的就是污水处理厂的转让价格。

投资者购买这样一个污水处理厂，自然是用收益法来进行评估，所以政府聘请顾问公司按照此类项目的惯常做法进行了方案设计。

政府的顾问公司在做测算的时候，用的是静态算法，恰巧算出来，按照当地的实际向老百姓收取的污水处理费价格，项目的收益法评估值，大概也是两亿多元，与建设成本差不多（图 9-7）。于是，就把政府未来和中标人之间的污水处理费结算价格定在了与当地实际执行的污水处理费一样的水平上。

政府的顾问公司在设计合同的时候，又采用了全价格调整型的调价机制。

于是，产生了一个皆大欢喜的结果：排名第一的投标人，报出了一个超乎政府想象的价格，四亿多元，近乎项目建设投资的两倍（图 9-8）。

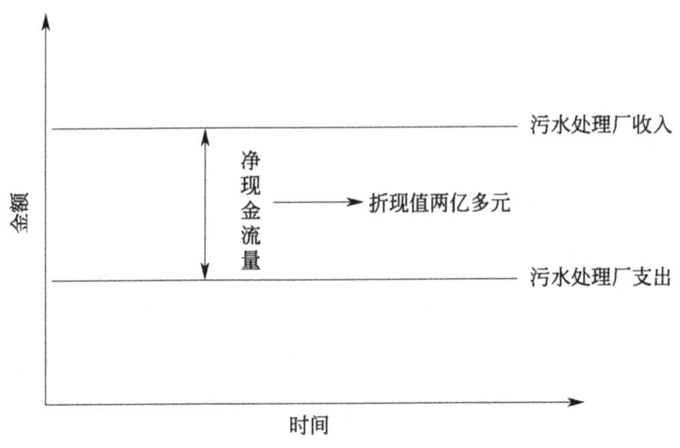

图 9-7　政府顾问测算的静态测算

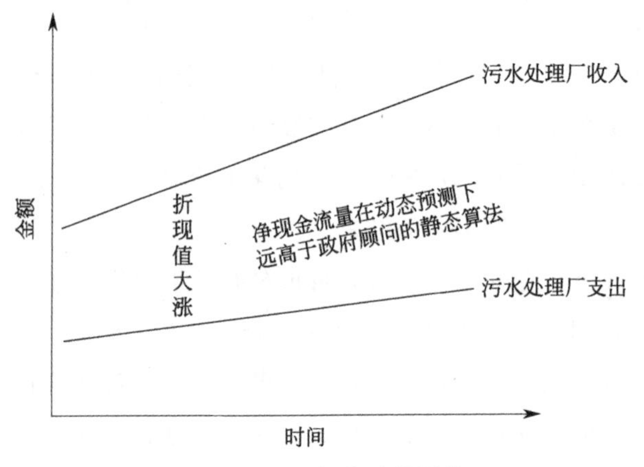

图 9-8　企业报价时的测算

原来基础设施资产也可以这么值钱！当地的政府大加报道，顾问公司也进行了各种经验总结推广，结论是由于项目的公开竞标和规范运作，使得政府找到了最有经验和效率的投资人，项目升值了！

这个“美丽误会”中，其实当事人自己都没弄清楚。

5. 购买力弥补派：“美丽误会背后的真相”

由于合同中设计了全价格调整型的调价公式，所以投资人在投标的时候，进行了动态测算，预期未来会发生通货膨胀，通货膨胀越高，项目的净现金流量越大，收益法的折现值越高，自然资产价格就大涨了。

所以，这个“美丽误会”的真相是，企业花高价买下这个污水处理厂，有相当大的一部分原因是，预期未来政府和企业之间的结算水价会随着通货膨胀不断升高，未来通货膨胀越高，政府补贴就越多。

购买力弥补型的调价公式，以及成本弥补型的调价公式，就好像一对长得很像却性格迥异的兄弟，经常让人分不清楚。

荣邦瑞明的投资顾问团队，过去给企业评估项目的时候，经常遇到这种情况，与它们同样容易让人混淆的，还有名义 IRR 和真实 IRR，静态测算和动态测算，孰优孰劣难以简单下定论，重点在于要弄清楚它们互相之间的关联。

基建项目投资的真正杀手——通货膨胀（下）

现金流，现金流，还是现金流。

——投资经理心得

前两节分析了基础设施项目投资之中容易混淆的概念，这一节我们试着把之前的观点做一个总结。

在房地产投资领域，大概最有名的一句话就是李嘉诚的地段论了。

好的地段，决定了一笔房地产投资是否有升值的前景。

但是在基础设施这个以长期稳健投资著称的领域中，如果要模仿房地产投资的地段论，那么最应当重视的：第一是现金流，第二还是现金流，第三仍是现金流。

所以在投资基础设施项目之前，我们做决策的时候，最重要的就是要把影响项目未来现金流的因素研究清楚。

基础设施和公共服务领域实际上是一个很大的概念，涉及的行业非常之多，自来水、污水、垃圾处理、高速公路、停车场、养老服务、医院等，都在这个范畴之内，这些行业的项目，各有各的收费来源和现金流特点。

不过它们有一个共性，那就是定价上受到政府的管制，不能够随意地调整收费水平来弥补自身的成本增长。

所以在这类项目投资上，通常政府和投资企业之间会通过合同约定一个双方之间的结算价格，这个价格与政府实际向消费者收取的价格不同，也就是我们常说的影子价格机制。

为了帮助企业抵御长期投资中不可避免的成本增长，政府还会与投资企业约定一个调价公式，定期调整结算价格。

于是，在企业做投资决策时，要预判项目未来的现金流状况，就需要进行长周期的投资评估，这时，对未来成本增长和结算价格调整的预测就变得不可避免了。

前两节我们提到的概念中，在投资决策环节，有三对“孪生兄弟”，如下所示。

基础设施项目的财务评估方法：静态财务测算和动态财务测算。

项目的调价公式：成本弥补派和购买力弥补派。

项目的财务指标：名义 IRR 和真实 IRR。

这三对“孪生兄弟”，在基建项目的投资评估中经常同时出现，互相配对，不同的组合产生不同的效果。

组合一：静态财务测算＋成本弥补派调价公式。

如果项目采用静态的财务测算模型，也就是在项目的全生命周期内采用不变的价格测算项目的财务指标，而又搭配了仅仅弥补成本的调价公式，那么项目的财务特征就会呈现出：

① 项目的经营性现金流量无论发生何种通货膨胀，都不会发生变化；

② 财务测算得出的结果是名义 IRR，这个 IRR 已经隐含了企业对长期通货膨胀的预期。

这种方案设计，如果不发生通货膨胀，企业就盈利，如果发生严重通货膨胀，企业的投资会发生大幅贬值。

对于企业而言，这种组合的好处是项目的投资回收周期相对比较短。

组合二：静态财务测算＋购买力弥补派调价公式。

如果项目采用了静态的财务测算模型，而方案设计中提供的是全价格调整型的调价公式，那么项目的财务特征会呈现出：

① 项目的经营性现金流量会随着通货膨胀发生变化；

② 前期静态财务测算得出的结果是真实 IRR，企业实际获得的 IRR 等于真实 IRR＋通货膨胀率。

这种方案设计，企业在投标时，必须要弄清楚自己的期望 IRR 之中，隐含了多少通货膨胀率在内，将其扣除后，用自己的真实 IRR 期望来进行测算投标，否则多半会报出一个过高的价格。

对于企业而言，这种组合的好处是真正化解了企业投资贬值的风险，缺陷是与组合一相比较，在同样的名义 IRR 之下，企业的报价相对比较低，前期的项目现金流比较差，投资回收期比较长。

我们还以之前的污水处理厂为例，设计规模 3 万吨/日，投资 7000 万元，项目特许经营期 25 年，政府要求企业报出每吨污水的结算水价，假设企业投标时的目标 IRR 是 8%，那么采用两种不同的调价机制和测算方法时，项目的财务特征如表 9-1 所示。

表 9-1　项目的财务特征

同样的名义 IRR=8%作为基础报价时	静态测算+成本弥补型调价公式	静态测算+全价格调整型调价公式	备注
测算时真空 IRR	5%(但模型测算结果应当为 8%)	5%(等于模型测算结果)	企业预计长期通货膨胀水平 3%,与当下水平相同
项目净现金流量	保持不变	前低后高	
投资回收期	短	长	
起始价格	高	低	
风险	通货膨胀超过企业的预判,例如高于 3%,此时项目的真实 IRR 低于 5%	没有发生通货膨胀,或者真实通胀低于企业预期,例如低于 3%,此时项目的名义 IRR 低于 8%	

组合三：动态财务测算+成本弥补派调价公式。

我们前面提到过成本弥补型调价公式，理想的效果就是无论通货膨胀率如何变化，都让项目的净现金流量保持不变，所以动态财务测算也就没有了多大意义，这种组合唯一的作用，就是让企业在进行投资评估时，能够更加清楚地看到，自己的投资到底在多大程度上跑赢通货膨胀，在这里我们就不做分析了。

组合四：动态财务测算+购买力弥补派调价公式。

这种组合倒是经常出现，利用这种方式进行前期投资决策评估时，我们需要弄清楚几个关键结论：

① 这样的测算方法计算出来的，是包含了通货膨胀预期在内的名义 IRR 指标；

② 对通货膨胀的预期越高，计算出来的名义 IRR 值相应地也越高；

③ 与企业的投资决策标准 IRR 值进行比较时，需要弄清楚企业的投资标准 IRR 值包含了多少通货膨胀预期，或者要明确出企业期望的不包含通货膨胀的真实 IRR。

这种评估方式与组合二：静态财务测算+购买力弥补派调价公式相比较，能够更好地帮助企业弄明白通货膨胀预期与名义 IRR 回报之间的关系，但是如果企业对通货膨胀的预期过高，很容易得出一个很高的 IRR 水平，报出一个非常激进的价格。

换言之，企业用这种方式进行评估时，一定要事先锁定自己的真实 IRR 预期。

三对“孪生兄弟”，总是组合出现，让人很难理解，能不能简化呢？

很遗憾，答案是否定的，至少我是这么认为的。

荣邦瑞明的投资顾问团队，在给很多投资企业和投资基金服务的过程中发现，投资经理们大都会遇到这样的困境，即他们要为很多没有调价的项目实施方案进行投资评估，而这些只有一些基本项目参数的实施方案，其实是很难进行比较深入的投资决策评估的，这是客观上的困境。而主观上，弄清楚这些概念之间的关系，也是很多投资经理头疼的事儿。

作为一项长期投资，通货膨胀无疑是基建领域最大和无法避免的风险事项。用来弥补通货膨胀风险的调价公式，以及与之伴生的投资指标和测算方法，是每一个投资经理需要深入掌握的硬功夫。

从 PPP 有例的成交数据我们不难看到，短短几年时间，成交的 PPP 项目已经超过了 7000 个，作为城镇化投融资领域的一种基本模式，未来的 PPP 项目还会越来越多，当下投资企业大多关心是否中标拿到项目，谁的市场规模更大，却往往忽略了项目的长期价值。

随着时间的推移和经济环境的波动，五年、十年之后，这些项目的市场价值，必然会由于方案设计的不同，产生巨大的差别，这一天不会太远，让我们拭目以待。

开发特色小镇如何“雨露均沾”

将农民和村集体融入特色小镇的发展中，才能记得住乡愁。

——投资经理心得

特色小镇很“火”，火到了很多投资人投下去很多钱见不到多少收益。对特色小镇，投资人真的是又爱又恨，又喜又怕，心中不由在想：“这样付出到底值不值得，难道我的决心是坚固，决定是糊涂?”

特色小镇很“虚”，虚在很多人认为是“城市化”下乡，是地方政府谋求开发空间的新红利；或是新瓶装旧酒，跑马圈地搞房地产开发；或者是取个名字造个概念，是个投资人就可以开干了。

而我们现在出去看项目，如果对特色小镇说不出几点道道来，分分钟变成了“尬聊”。所以，来一场小镇的旅行吧，让我们收拾心情去看看沿途的风景。

1. 千金拨不动四两的困惑

笔者与L老师相识多年，他是乡镇干部出身，对农村和农民的问题有很深入的实践经验，后转行以企业家的身份一直在推动乡村建设。

某日，L老师带着笔者去见了一个特色小镇的投资人。这位投资人很苦恼地告诉我们：“特色小镇这个概念一出来，我就认为这是个大机遇，但是两年过去了，项目却一个也没做好。我遇到的问题有一个共性，为项目的配套设施投了很多的资金下去，但是一点都‘撬不动’。我思考过，主要原因是开发过程中，涉及了农民和村集体的问题。要是以前，做点征拆和补偿就可以了，但是有了特色小镇，农民都认为‘这是政策红利，凭什么都让你投资人拿走了’。挨家挨户地去谈，我也耗不起这精力。可让政府去解决，政府说‘你一点特色的东西都没做出来，没办法去帮你协调啊’。两年多下来，我真的是‘千金拨不动四两’，还把农民推到了自己的对立面上。您是这方面的专家，能帮我支支招吗?”

这个问题让大家陷入了久久的沉思，我们坐在一起就这个问题进行了深入的探讨，认为可能有以下几个原因。

一是农民已经觉醒。在农民已经觉醒后，政府再将特色小镇的建设委托给老板或强势人群，社会资本又忽视了农民的主体利益，这必然出现很多矛盾和问题，把好事做成坏事。

二是村镇社会关系复杂。从现在来看，分散农户和农村组织都不能称为市场主体。在特色小镇的开发建设中，最难解决的不是钱的问题，而是复杂社会关系的处理，再好的山、再好的水，要把它经营起来需要靠人的组织。

三是很多投资人不清楚特色小镇的商业模式和盈利模式，投资回收风险大。当前，政府大多采用 PPP 模式开发特色小镇。然而，特色小镇项目不是城市开发，土地升值空间很小，一旦土地不升值或升值慢，社会资本就挣不到钱。

“千金拨不动四两”，投资人的困惑不简单。

2. 特色小镇向内要发展，如何“雨露均沾”

带着这样的困惑，我们去考察了一个位于豫南山区的特色小镇。在 2009 年以前，这个小镇和中国的很多乡村一样凋零落魄，年轻人外出打工，村中剩下的大多是老人和孩子。没有外出且以土地为生的村民，因为每年种粮食的收益不能维持家庭的生计，还要打些零工。放弃土地转而做生意的村民，苦于无处贷款，也只能做些小本生意。但是我们这一次过去却看到另一番景象，当地的外出打工农民基本都回来了，靠着旅游和农家乐，已经远远超过在外面打工的收入，生意红火，到处一片繁荣。

L 老师一路介绍说：“长期以来，农民的资产缺少流动性，去银行贷款都没有人认账，很难‘钱生钱’。要解决这样的问题，关键要创新农民组织制度和农村土地金融制度，让金融成为农民和农民组织的工具，让土地等成为农民和农民组织的财产，让农民成为比城市人更有信用的人，让农民组织成为比一般企业更有信用和能力的主体。”

为了解决农民的主体性和组织性，这个特色小镇通过搭建村社内置金融，培育村镇发展内在动力。具体来讲，“内置金融”指在农村村社组织内部置入的以资金互助合作为核心的金融平台，是村社成员之间互助合作的基石和内部交易的结算中心。换句话说，就是在村庄内部建一个农民自己的银行，给农民用土地、房屋抵押贷款提供机会，将农民手中的土地流转入内置金融，通过金融思维和方法提升土地价值。

有了村社内置金融，农民就可以凭自己的土地在内置金融里面抵押贷款，实现资产的盘活。有了活钱后，农民就敢于去投资。农民用房子抵押贷款，拿了钱进行房屋的改造和开发，逐渐形成一个良性循环，钱越来越多。同时，通过内置金融，村集体还完成了大量的农地流转和集体建设用地的储备工作。

与此同时，村社还以内置金融为主体与企业合作，即企业出钱，内置金融出资源，双方合作规划特色小镇。这样做有一个非常大的好处，以村社内置金融把土地集中到一起，再以股份制与社会资本合作，社会资本与农民之间的关系就理顺了，农民的利益也得到了保障。农民有问题可以去找以内置金融为核心的合作社。企业不和农民谈判，成本就下降了，社会风险也下降了，社会关系也变得容易解决了。

我们一路交流下来，发现特色小镇的建设也有自身的内在逻辑，需要金融创新“钱生钱”、土地创新地增值、组织创新权生利，而我们真正要做好一个特色小镇的投资，需要平衡好各方利益，做到雨露均沾。

3. 特色小镇的内外兼修

几天的考察下来，投资人的感慨颇多，觉得这样的模式在解决他们困惑的同时，还具备很多可选择的空间。

这个小镇的开发和我们经常接触的大相径庭。站在政府与社会资本的角度考虑，无论是何种类型的特色小镇，采用何种模式开发的特色小镇，其模式大多是向外求，即借助土地、资本等资源进行开发建设。这种模式往往适用于实力非常强的投资人，一旦投资人的实力有限，很多项目将难以推动。

但是这个小镇却是向内求，以金融创新为手段，通过农民主体性和组织性的建设，将村集体和农民的资源充分地整合及流动起来，再通过信任和信用体系的建设重新连接起农民与村集体、农民与传统文化、村集体与现代金融，并将乡贤文化与孝道文化相结合，让一个小镇散发出自内而外的活力。也就是说，解决了小镇的农民内需和利益保障，很多资源就能够实现充分嫁接。这种向内求的开发方式，就像我们常说的练武术先要修好内功，内功底子厚了，很多招式就可以灵活使用。

我们经常会讲特色小镇的特色在哪里。特色不是规划出来的，而是其自身具有的，并且基于那片山、那条河、那些人，慢慢演化出来的。这样自然生发出来的特色小镇，往往具有无法比拟的特色和生命力，这恰恰是特色小镇可持续长久发展下去的动力。

项目融资始于项目之初（银行篇）

银行面前只有乙方。

——投资经理心得

在几年的投融资体制改革环境之下，越来越多的城市基础设施和公共服务项目采用了 PPP 模式。

一方面，由于 PPP 模式是由政府发起和推广的，所以大家在探讨 PPP 模式时，更多的是强调公共服务的绩效，以体现政府的目标；另一方面，在控风险、“声讨”地方政府过度负债的大环境之下，大家也都在强调 PPP 不是为了融资，不要把 PPP 当成一种融资手段。

但是，真正参与过 PPP 项目运作的人都清楚，完不成融资，PPP 模式不过是镜花水月，项目落不了地，又谈何公共服务供给呢？

所以有时弄得人很费解，PPP 模式和融资到底是什么关系？这事儿还得从头说起。

今天我们描述什么是 PPP 模式，自有一套概念体系和特征，比如长期合作，比如政府和企业要分担风险，比如要靠合同来约束双方的权利义务等。不过这些框架并不是立刻就建立起来的，而是已经存在了几十年，一直在缓慢地演化，直到变成了今天的样子。

PPP 模式是个舶来品，几十年前，PPP 模式的前身有另一个概念，就是项目融资。几十年来，体系和框架有了进一步的演化，具有更多的公共服务供给、绩效考核、合作等理念，这些新的理念更多的是站在政府的视角加以描述的，项目融资这个前身概念表面上看起来不那么凸显了，但实际上这个基因从来都没有消失过。

简单地说，PPP 模式的技术框架，可以归结成通过政府和企业的合作，采用项目融资的方式，完成公共服务的供给。

这么说，我们就可以更加清楚地看到项目融资的重要性了。

1. 项目融资最适用于基建项目

项目融资是个专有名词，也是一种比较特别的融资手段，最常用在基础设施这类项目投资规模较大的领域，论述它的著作有很多。

如果要用简单的定义来说明它，项目融资大概的意思就是，银行在给一个项目贷款的时候，实现了两个满足：一是满足于用这个项目本身的收益和现金流作为还款来源；二是满足于用这个项目本身的资产和权益作为保障。

翻译得更加直白一点，就是银行给这个项目贷款，项目有收益，有现金流，就还银行的钱，不够还钱时银行最多就是把这个项目值钱的物品出售抵账。

项目融资这个概念，在基础设施等大型基建项目领域，最受投资者的青睐，其实它本来就是因为基建、矿山开采等大型项目的融资需求而被创造出来的。

为何说项目融资最适用于基建项目呢？这要从基建项目的特点说起。

基础设施项目，通常投资额很大，项目投资回收期比较长，所以一般的企业投不起，大部分的钱还是要靠银行贷款支持。

比如一条地铁线，投资 200 亿元，按照 30% 的资本金计算，企业需拿出 60 亿元作为资本金来出资成立项目公司，这对于绝大多数企业来说已经非常不容易了，而另外的 140 亿元就需要项目公司向银行贷款了。

既然企业付不起 200 亿元的全款，那么多半企业也不愿意为项目贷款提供担保，因为但保不起。一个项目周期那么长，就算收益稳定，一旦还不上款，让股东来承担还款义务，那企业的负担就过于沉重了。即使没有风险出现，在这么长的项目周期中，担保义务对企业来说也是一个沉重的包袱，制约着企业在其他方面的再融资能力。

如此一来，怎么能够让银行愿意给项目提供“项目贷款”，就成了政府和投资企业要考虑的核心问题。

2. 项目融资的设计始于项目的起点

基础设施项目的财务条件，很大程度上依赖于政府和企业签订的项目合同，合同签订之后，项目的各种条件基本上就已经锁定了，银行给项目提供什么条件的贷款，很大程度上也取决于合同条件。

所以实际上，项目到底能不能完成“项目融资”，前期的方案设计和合同设计是核心所在，等签订了合同再考虑贷款问题，这个项目的基因就已经基本确定了，有点为时已晚了。

那么在项目前期方案设计和合同设计的时候，应该怎么围绕项目融资这个核心目标制定条件呢？我们试着用简答的方法来探讨一下这个问题。

银行是一个基建项目最大的出资者，而银行通常又不会参与项目的建设和运营管理，所以，站在银行角度，它的诉求我们简单地总结一下，就是别让其承担风险。

让银行按照“两个满足”的标准给项目提供贷款，不让政府或者企业提供担保，那么就要让银行相信，无论项目发生了什么状况，借给项目的钱总是能收回来的。

但是对于持续运营几十年的基础设施项目而言，风险是不可避免的，或者说是客观存在的，银行不承担风险，就一定有其他主体承担风险，通常这里的其他主体指的是政府和投资企业，有时还包括保险公司等。

他们为什么要承担风险，以及应该承担多少风险，那是另一个问题了，下节进行阐述，此处我们先来说怎么满足银行的要求，项目的合同条件其实就是围绕这个目标来具体设计的。

从几个角度设计可以让银行确信自己的钱总能收回来呢？

我们简单地将其分为四个部分。

（1）项目的基本财务状况评估

衡量基建这类长期投资项目收益状况的指标，最常用的是项目内部收益率，也就是我们常说的IRR。通常我们要求IRR比项目的长期贷款利率高一些，如果项目的投资收益率还达不到银行贷款利率的水平，那么我们就会怀疑这个投资到底意义何在。

其实，除了收益率水平，银行更加关注项目的现金流状况。项目公司能拿来还款的资金，主要是两部分：一部分是利润；一部分是折旧资金。

简单而言，就是项目的经营性净现金流量，这部分钱，至少要比每年银行的还本付息金额要高，比如达到1.5倍，或者1.3倍，不但能还上款，还能抗点风险，这样才有与银行谈贷款的可能性。

（2）项目发生风险影响财务状况时的评估

基建项目周期很长，不大可能一直按照预测出来的财务状况运行下去，难免会出点状况。要让银行相信自己的钱在任何情况下都能收回来，自然要让银行模拟在发生一定风险的情况下，项目公司也有足够的还款能力。

还是以前面提到的地铁为例，影响项目财务状况的重要因素有票价、客流量、成本等。

票价如果不是项目公司自定的，而是由政府定的，那么政府就需要与项目公司约定一个结算票价，这个票价是以项目公司能够收回投资并获得预期收益为目标制定的，比如5元/人；如果政府定价定低了，按3.5元/人，那么政府就需要把低定价带来的收入损失补给项目公司，这样自然就不会影响项目的还款能力。

再比如，影响项目公司收入的另一个重要因素是客流，如果比预测客流低了，项目公司收入下降，那么合同里通常会约定，客流低到一定程度的时候，政府会按照保底客流量与项目公司结算，保底量是多少呢?

通常这个保底量是要计算的，至少按照这个保底量算出来的收入，要保证项目公司仍然有还款能力，比如保底量是预测客流量的75%或这80%，总之这是通过定量模拟可以得到的。

还有就是成本，在一个长期项目上，成本增长是不可避免的，因为通货膨胀是哪个经济体也避免不了的。对于一般企业而言，成本增长时，需要通过调整商品价格来保障企业的正常运行。而地铁的票价既然是政府定的，企业不能随意定价，那么政府会定期调整与企业之间约定的结算价格，调整的方法通常就是业内熟知的调价公式。

有了这些合同条件，通过定量的模拟评估，我们可以让银行确信，无论是定价低了、成本涨了还是客流少了，项目公司在政府的支持之下，仍然是有能力偿还银行贷款的，还可以正常运转下去。

当然，我们只列举了一些主要的风险，并不全，像设计变更风险等，我们在设计风险应对方案的时候，原则与上面相同，就是找到责任主体，让它来补偿项目公司的损失，确保项目公司的财务状况在这种情况下不至于恶化到影响还款能力。

具体的设计思路，各类基础设施大同小异，无论是地铁，还是自来水厂、污水处理厂、垃圾处理场等，都是类似的。

(3) 项目提前终止时的评估

仍然以地铁为例，经营了10年以后，比如政策发生了重大变化，政府要收回这条地铁线，不再授权企业来进行经营，提前终止PPP合同。那么，合同中通常有这样一个约定，政府要按照资产评估值回购项目公司的地铁设施，评估值无论是按照重置成本法，还是用收益法，都不低于这时的银行贷款余额。

政府违约或者政策变化导致合同提前终止的情形比较好理解，既然是政府的责任，那么政府自然要给项目公司足额的补偿。

还有一种情形，就是项目公司违约导致的终止。

假如有一天地铁出现了安全事故，政府不再相信项目公司，要终止PPP合同，把地铁线路收回来自己运营，这时政府也需要按照回购程序，给予项目公司补偿。

举个生活中的例子来理解，这就好比司机酒驾被警察抓了现行，司法机关可以吊销司机的驾照（PPP 合同结束），对司机罚款甚至刑拘，但司法机关不会把司机的车（项目资产）收走。

所以项目公司违约导致政府要终止合同的时候，政府也要按照评估价值收回项目设施，同时处以罚款，此时项目公司能收回的补偿款=设施收购价款-政府的罚款。

罚款通常来讲也有一定的设计规则，基本原理就是，除了以项目公司造成的损失为依据以外，如果政府要处以惩罚性的罚款，在缴纳罚款后，项目公司收回的钱要能够还上银行贷款。

再有可能导致项目提前终止的情形，就是不可抗力事件。自然不可抗力，通常既不是政府的责任，也不是企业的责任，那么谁来给项目公司保障呢？那就是保险公司，买什么类型的保险，买多大额度的保险，设计的规则其实也很简单，那就是至少要让项目公司在发生不可抗力事件时，获得的保险赔款能够还上银行贷款。

（4）对项目主体的评估

前面几个方面的设计，似乎已经比较完善了，无论是项目的正常运行、发生了一些风险甚至提前终止的情形下，银行都能够把自己的钱收回来。

不过，这些精巧的设计，其实都有赖于执行的主体是不是真的有能力把它们执行下去。

所以最后，银行还需要评估政府是不是真的有能力承担这些风险，投资企业是不是真的有经验能够控制好项目的建设和运营，不会出现人为的违约事件。

3. 在银行面前，无论谁都是乙方

回顾前面提到的几个角度，我们可以看到，要给投资规模巨大、回收周期漫长的基础设施项目，完成“项目融资”这么高难度的事情，在项目前期方案设计和合同设计的时候，我们要遵循四个方面的设计框架：

① 项目有足够好的收益率指标和现金流指标；

② 在发生一些影响项目公司财务状况的因素时，项目公司的财务状况不会恶化到影响还款能力；

③ 在项目发生重大违约事件或者风险事件导致合同提前终止时，项目公司获得的终止补偿款足够偿还贷款余额；

④ PPP 合同的双方都有足够的履约能力和经验。

这个框架的核心，就是要让银行确信，无论发生了什么，我的钱一定还得上。

谁让银行是最大的“金主”呢！所以，在银行面前，无论谁都是乙方。

项目融资的设计始于项目的起点，这是荣邦瑞明的投资顾问团队在帮助企业完成大型基建项目投资过程中一直坚持的理念。

项目融资要做好，银行不承担风险，那么风险自然是被政府和投资企业分担了。一个平衡的、能够为各方所接受的投融资方案，自然要满足各方的底线。

银行的底线是不承担风险，那么投资企业和政府的底线是什么，见下节内容。

项目融资始于项目之初（政府和企业篇）

风险分担对于政府是一个改进解。

——投资经理心得

上节我们说到银行在给一个项目贷款的时候，满足于用这个项目本身的收益和现金流作为还款来源，满足于用这个项目本身的资产和权益作为保障，而不依赖其他条件。

因此简单地说，项目融资要实现，站在银行角度来讲并不十分复杂，就是要让银行能够相信其是不承担风险的。

但项目有风险是一定的，银行不承担风险，就一定有其他主体承担风险，通常这里的其他主体指的是政府和投资企业，他们为什么要承担风险，以及应该承担多少风险，这就涉及风险分担问题。

关于风险分担，业内有很多说法，比较流行且为大家所接受的说法是，一项风险谁能够控制、谁有能力承担，就由谁承担。把风险与责任挂钩，看起来是一个比较简单的原则，但在实际操作过程中却不完全是那么回事，因为并不是所有风险的责任边界都那么清晰。这就好像有人问巴菲特“炒股赚钱的秘诀是什么”，巴菲特回答“不要亏损”一样，听起来非常有道理，但在真正操作过程中，却有很多的模糊地带。

荣邦瑞明的投资顾问团队在帮助企业看项目的过程中，除了要看项目的基本条件外，还要看项目的风险分担是否合理，因为它能反映出，作为项目发起主体的地方政府是否有管理好项目的认知和能力，以及企业的投资是否真的有保障，从而实现融资的目标。所以，通过一些例子来介绍风险分担。

1. 责任主体清晰的常规风险

一个项目风险的发生必然是有原因的，有些风险的原因能够说清楚，责任能够清楚划分。

以之前提到的轨道交通为例，对于轨道交通项目来说，建设超支的情况比较常见，它会影响项目公司的财务状况，如果是因企业管理不善而导致的建设超支，那就是企业的责任，风险理应由企业承担。

如果是因政府规划或者政策变动导致的建设超支，比如原本计划是修 20 个站点，临时要多加 1 个站点，这就是政府的责任，风险自然要由政府承担。建设超支往往伴随着工期的延误、利息的增加等，不是简单的成本增加或减少，所以政府要让企业从具体的标准上算账，让企业的财务状况、收益水平在建设超支后能够达到计划变更之前的水平。

总之，最基本的原则就是，有责任的一方要承担风险造成的损失，给无责任的一方以补偿，不能让无责任的一方受到损失。

对于责任主体清楚的常规风险，比较常见的还有定价。比如地铁票价通常不是由项目公司自定，而是由政府定的，如果政府定的票价很低，那么政府就需要与项目公司约定一个结算票价，把低定价带来的收入损失补给项目公司。

2. 责任主体清晰的重大风险

除了一些常规的风险之外，还可能有一些重大的导致项目提前终止的风险发生。

比如，政府违约或者政策变化导致合同提前终止的情形。

这比较好理解，既然是政府的责任，那么政府自然要给项目公司足额的补偿。仍然以轨道交通为例，经营了 10 年以后，比如政策发生了重大变化，政府要收回这条地铁线，不再授权企业来进行经营，提前终止 PPP 合同，那么政府就要按照资产评估值回购项目公司的地铁设施。

还有一种情形，就是项目公司违约导致的终止。

上一节提到“地铁出现安全事故，政府终止 PPP 合同，需要回购项目设施”的案例。有很多地方政府对这一点不大理解，总觉得既然是企业犯了严重错误，违约了，那与企业解约并把设施收回来就是理所应当的，为何还要给回购补偿呢？

就好比上一节举过的“酒驾被抓”的例子。司法机关可以对司机进行吊销驾照、罚款甚至刑拘处罚，但通常不会直接没收车辆。

所以，比较公平的做法是项目公司违约导致政府要终止合同的时候，政府也要按照评估价值收回项目设施。同时处以罚款，此时项目公司能收回的补偿款＝设施收购价款－政府的罚款。

这些责任清楚的风险，具体的风险分担比较容易设计，也比较容易说清楚，还有很多风险是不那么容易具体设计的。

3. 责任主体不明确的风险

还有一些项目风险的责任主体不太明确，比较容易引起争议，这就需要找到一个平衡点，达成风险分担。

还是以轨道交通为例，因客流量少导致的风险，很难说清楚是谁的责任，这种情况下，通常有一种常见的做法——约定保底量，类似英文里的“Take or Pay”（或取或付）的做法。具体来讲就是，假如预测客流量是100万人，最初项目是以此为基础设计方案和财务条件的，那么政府和企业会在合同里约定了一个80万人客流量的保底量，那么即使实际客流量只有60万人，政府也要按80万人客流量与项目公司结算。

但政府不理解，客流量预测是企业与我们一起做的，实际客流量与预测有出入，又不是政府单方面的责任，为什么要由政府承担主要风险？

原因要从谁适合承担这个风险说起。

公共服务产品是城市建设的一个组成部分，它的经营状况与周边的发展情况有很大关系，比如一条轨道线有多少客流，与其接驳的线网建设有很大关系，线网越密，客流量越多；同时还与其他城市交通工具的线路规划有关系，如果周边的公交线是与它接驳的，就能为它带来一些客流；如果是与它平行的，则可能会分出去一部分客流。此外，它还受到项目沿线的人口密度和就业岗位多少的影响……

这里线网的规划、其他交通工具的建设以及城市发展的空间规划都是由政府定的，从影响力上来说，肯定是政府的影响力更大一些。所以，通常来讲，这个风险政府还是比较愿意分担的。

至于分担多少，是一件更加容易产生争议的事情，这就需要在设计方案时找到一个平衡点。

4. 风险分担时各方的底线

一个平衡的、能够为各方所接受的项目融资方案，自然要满足各方的底线。

银行的底线是，假设预计客流量100万人，政府保底保到60万人可以，保到70万人也行，只要能还上贷款即可。银行的底线实际上是最低底线。

企业的底线是，凡是在其控制之下的风险，该由企业承担，企业可以承担，不完全是政府责任的风险，企业也可以承担一些，但不要亏损严重。企业是一个“在商言商”的主体，企业赚不到钱，甚至一直处于亏损状态，持续如此的话，企业就完全没有动力运营下去了。所以，企业为了赚取利润，可以以投进项目的资本金来承担有限的风险。但不要让企业亏损严重，应让企业适当收回一些成本，给企业运营下去的希望（图9-9）。

政府的底线是，比起自己做，那些不在政府具体控制下的风险，交由企业承

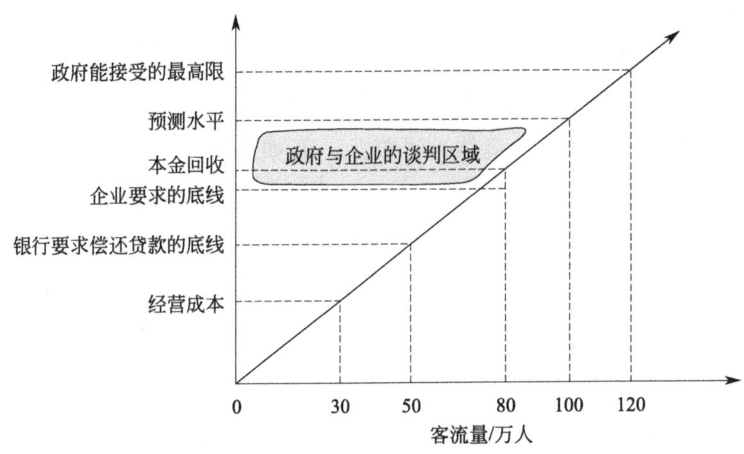

图 9-9　客流变化与项目资金状况的关系

担，剩下的风险，该由政府承担的，政府承担，只要比自己做时承担的风险少、效率更高，就能接受。

但在高杠杆的背景下，要保证企业能够收回一些成本，通常来说，政府的保底线都比较高的，一般是在 70%、80%甚至更高。比如说预测客流量一天 100 万人，政府保底要保到 80 万人，低于 80 万人的客流量政府就要承担着。

这样一来，政府承担了主要风险，岂不是违背了 PPP“企业担主要风险，政府担次要风险”的原则？

其实，我们应该从一个新的视角看待这件事。

首先，从承担风险的概率上来看，预测客流量 100 万人，通常情况下，实际客流量是围绕预测客流量的 100 万人上下波动的，显然，客流量在 80 万人以上波动的概率比在 80 万人以下波动的概率要高得多（图 9-10），因此，企业承担的是大概率风险，政府承担的是小概率风险。

其次，整个项目 70%都是依靠银行贷款，项目建设运营的成本是刚性的，还贷是刚性的，客流量一旦发生负向波动，直接亏损的是企业的利润，其次亏损的是企业的资本金。因此，从承担风险的先后顺序上，是企业先承担风险，政府后承担风险。

最后，相对于资本金的绝对金额，客流的少量波动，就能够在很大程度上消耗掉企业的利润和资本金，所以相对企业的资本金来讲，企业承担的是大风险。

风险分担，就是站在政府什么都干的起点上，在“银行不承担风险、政府承担全部风险”的基础上，引入一个更加有效率、可提供更优质服务的社会资本来帮助化解风险和分担风险的改进方案。

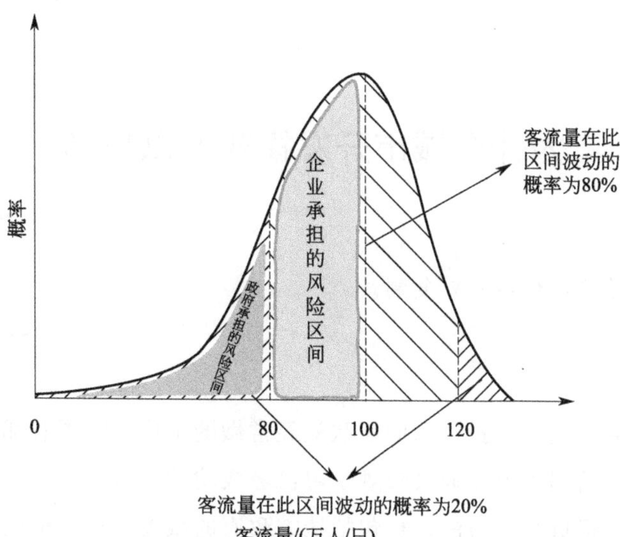

图 9-10 实际客流量波动情况

银行不承担风险，企业承担有限风险，政府减少部分风险，这就是风险分担方案设计的平衡解。与政府自己负债实施、自己承担所有风险相比，这是一个改进方式，理解了这一点，地方政府设计出来的项目，就能够真正站在吸引优秀企业的角度加以思考，而不是一味地推卸责任，拒绝风险。

这样的项目才是企业眼里的好项目。

为什么城市开发模式难以复制

模式可以学习，但不可以复制。

——投资经理心得

看项目是荣邦瑞明的投资顾问团队最经常做的工作，除了看那些潜在的投资机会外，还经常陪同投资企业去参观学习已经成功的项目。

投资企业是很重视学习的，也包括地方政府的城投公司，他们渴望从其他企业和地区的成功项目上汲取经验，解决自身发展的问题。

在这个过程中，我总是听到一个词，就是模式。参观学习别人的成功项目，目的也是为了学习别人的成功模式。

不久之前，与一家城投公司的“一把手”和班子成员坐在一起开研讨会，一位高管叹息到，加上这次去C市考察，我们已经第三次外出学习了，其实三年前制定我们这个园区的发展政策时，就借鉴过这几个城市的做法，政府也同意了，但实际做起来完全不是那么回事儿，政府当年出的政策没有执行，要做项目的时候催着我们去融资，要结算的时候，政府又总是拖着不给钱，我们再这么干下去，也是没能力再去融资了，别人的模式学了也没有实质性效果，也真是学不来啊。

如果这是个案，我可能会去思考一下具体为什么没学好，但这实际上不是个案，在我过去的十几年经验中，类似的叹息我听到过太多次了，所以我一直在思考，模式为什么这么难以复制。

要说清楚这个问题，我们还要从到底什么是模式这个问题来展开探讨。

对于城市建设领域的企业而言，所谓模式，简单来说，就是一个项目是怎么做成的。由于城市建设领域内项目类型众多，要更具体地说明这个问题，我们应选择一个具体行业来探讨，这里我们还是用园区开发为例。

在这个领域中，有很多被立为标杆的模式，比如苏州工业园区模式、北京中关村模式、上海张江模式、华夏幸福固安模式、大连亿达软件园模式等，很多企业都在学习。

这些模式被立为标杆，原因很简单，那就是它们成功了。

成功是一个结果，而模式则植根在成功的过程之中，是对过程的总结。所以要完整地描述这个过程，总结成模式，那么至少有几方面要素是不可忽略的。

第一个要素是它们的发展环境。

发展环境是模式存在的土壤，也是模式形成的外在因素，有时它起到的作用是决定性的。发展环境既包含了地理区位、交通条件等这样的硬件条件，也包含了政策规制等这样的软件条件，还包含了一个区域的发展变化过程这样的动态条件，这些条件不仅仅是成功的土壤，有时对成功还起着非常重大的影响，是企业自身努力所不可企及的。

比如华夏幸福投资的固安园区，毗邻北京、交通便利只是它的客观环境，近十几年以来，北京市的快速发展同时伴随的产业结构调整、用地约束、人口控制等导致的产业和人口外溢效应，是固安园区能够顺利发展的最核心的环境，没有这样的外在环境动力支撑，固安园区的成功一定会逊色不少。

又比如，北京中关村和大连软件园的成功植根在中国加入 WTO 带来的 IT 服务外包大潮之中，今天再发展这样的园区，中外之间的人力成本差距日渐缩小，单靠服务外包难度则会越来越大，只能转向追求自主创新。

由此看来，总结模式的基础，首先是总结发展环境，这是一切的基础，否则模式就变成了空中楼阁。

不过，从这第一个因素，我们就可以隐约看出来，模式为什么难以复制，因为发展环境是难以复制的，“橘生淮南为橘，生淮北则为枳”，说的就是这个道理。

总结模式第二个要素，我觉得应当是发展动因。

发展动因指的是发展方向当时为什么朝这边走了，而不是其他方向。动因问题的主观性很强，与人的关系很大。

比如上海张江的发展，是政府和国企主导的，今天看来很成功；苏州工业园区最初是由外资操盘的，而固安园区和大连软件园则是由当地政府与民营企业合作的，都很成功。

它们走的路不同，动因也不同。上海张江的发展，是在探索国家战略之路，是政府自己在尝试，所以当年选择了自己运作；固安园区在当年属于环京众多“大树底下不长草”的区域之一，政府想发展也没有资金，也没什么大企业看得上，举步维艰之下选择与民营企业合作一搏，而当时的华夏幸福也不过是一家地方小房企，要说进军行业龙头未免太夸大，不如先经营好自己门前地盘，算是大家各取所需。

这些动因不是某一两个人的决策，而是包含核心决策者在内的一拨人的决策。动因发生在模式建立之初，所以那时还没有路，“趟路”需要勇气，需要敢冒险的人，而人是最难复制的。

就好像多年前全国城投学重庆“八大投”，“八大投”模式好总结，但是主导“八大投”发展的核心决策者没法复制。

第三个要素，则是发展路径，或者简单来说，就是项目怎么做的。

路径是实现发展目标的具体方法。就好像我们前面提到北京的产业和人口外溢，这个过程持续的时间很长，也不存在什么秘密，而北京周边的园区众多，与固安区位条件类似的区域也不少，为什么只有固安园区如此成功，那还是因为做得好，在规划、招商和服务上下的功夫大，方法正确。

发展路径的总结，需要去研究过程中到底做了什么，怎么做的，这就是操盘方式。这个层面的因素，技术性相对强一些，所以看上去也容易借鉴一些，实际上很多的所谓模式总结，都主要指向了这个层面。

总结发展路径，不能全抱着功利的目的，我看过很多企业的考察报告，目光总是聚集在用了什么政策、与政府的具体合作条件是什么等，尽管这些也是发展路径的一部分，但是未免狭窄了一些，借鉴面越狭窄，越难以借鉴到模式的本质。

总结下来，要真正全面认识一个成功的模式，需要从环境、动因和路径三个层面上进行解剖，模式的创造者自己复制起来相对容易一些，这些企业总结模式，是为了找到相似的投资环境、找到相似的合作者或者人才以及重复有效的操作方法，我们从企业的投资评估方法中常常可以看到模式的影子。

而其他的学习者要复制别人的模式就要困难得多，因为他们学习别人的模式，常常是因为要解决自己的某些问题，这些问题使他们在研究他人模式的时候，常常把目光聚焦在一些具体经验上，而忽略了这些模式成功的本质和全貌。

更重要的，模式的创造者，自己站在起点上的时候，多半从未想过要创造什么模式，他只是在过程中想了各种方法把事情做成，而“模式”则是站在终点上总结出来的。

所以，模式的学习者们应该明白，他人的模式值得借鉴，但是难以复制，因为自己也站在起点上。

轻资产和重资产——IRR 的陷阱

重投资不代表重资产。

——投资经理心得

帮助投资企业看项目是荣邦瑞明的投资顾问团队的日常工作，项目看完了，总要进行投资可行性评价，用什么指标来衡量呢？自然 IRR 是最常用的评价指标，这是基础设施行业的常识。

工作很多年以来，我一直把 IRR 作为一个主要指标，再配合其他的财务指标来对项目进行衡量。直到有一天，一个项目引起了我的重新思考。

有一天，一家企业负责人打来电话，邀请我参加他们与政府之间召开的一个项目研讨会。原因是他们与政府之间关于项目的回报水平如何衡量问题发生了争论，达不成一致意见。

这是一个城市公交 BOO（建设-拥有-经营）项目，区政府有意把区里的公交线网打包交给一家企业投资和运营，这家企业自行出资大概 1.5 亿元，负责新购和改造 300 辆公交车，以及城区和一部分郊区与农村地区的公交客运服务。

由于当地的公交票价较低，完全不能覆盖公交的运营成本，加上郊区与农村地区的客流较少，站距又大，使成本倒挂现象更为突出，因此需要区财政部给这家公交企业支付一定的补贴来弥补成本，保证企业能够获得合理回报。

既然是以弥补成本为目标，企业提出来补贴额计算方式时，也是以成本为基础进行计算的，政府补贴＝公交线路运营的全部成本×110%－票款收入。

这里的全部成本包括了人工、燃油、维修等日常成本和车辆的折旧，一年算下来大概要 2 亿元。

起初交通局方面觉得这么设计看上去也挺合理的，于是在此基础上设定了成本认定规则，防止企业虚增成本，之后便行文报到了区发改委审批。

区发改委的负责领导上任不久，是一个专业经验很丰富的干部，以前在其他部门和企业工作多年，还运作过不少引入企业投资的市场化基础设施项目。

看到这个报告之后，他问这个项目交通局的具体负责人，你们这个项目给企业的回报水平是多少，也就是 IRR 是多少？

这位负责人不大懂财务专业，赶紧回去请一家事务所给计算了一下，结果算出来项目的内部收益率接近 20%，再问了一下一般城市基础设施行业的投资回报率水平大概是多少，当他听到“很少超过 10%”这个回复的时候，瞬间出了一脑门子汗。

于是，交通局紧急召集企业重新修订补贴水平，按照 IRR 不超 8%重新核定了给予企业的运营补贴金额。这回轮到企业着急了，算完以后，每年以全成本为基数计算出来的利润率只有 4%，企业表示要掏出 1.5 亿元来，一大群人一年下来辛苦维持这么多线路，每年成本要花出去近 2 亿元，一年利润才几百万元，还不能出事故，得不偿失。

可是看了区交通局给出来的以 IRR 为计算基础的补贴方案，企业负责人总觉得哪儿不对，可又说不清楚。

于是双方在僵持了半天之后，既然谁也说不清楚，那咱们还是再请一家公司重新来研究一下这个问题到底出在哪儿吧。

这就是企业负责人打来电话的原因。

没过两天，区发改委的主任也打来电话，原来主管领导是老熟人。他说：“以前咱们合作过很多项目了，我知道你一向很讲求严谨，不会专门偏向政府或者企业，这件事儿也是一样，你不用考虑立场问题，是我让企业邀请你的，你分析一下我们双方的方法到底谁有道理”。

我拿到项目的评估报告，也陷入了思考，两边看起来都有道理，问题出在哪儿？

我找出来过去做过的很多基础设施项目的评估报告，包括轨道交通、污水处理厂、高速公路、市政道路等，开始详细对比这些项目的评估数据与这个项目的差异之处，慢慢地，终于明白了它们之间的不同。

为了投资、建设和运营这些项目并获得回报，企业付出的资金主要可以分为两个部分：一部分是建造和购置设施的资本性支出；一部分是日常利用设施提供服务的运营成本支出，包括了人工、水单、物料等众多内容。

这两部分支出如果视为企业获得回报的基础，那么谁占了主要的地位，自然以谁作为计量企业回报水平的主要参考。

那么两者地位的高下，简单地比较，可以用“运营成本/折旧成本”来进行对比，这个比值越小，那么显然资本性支出对这个项目的贡献度越高；反之这个值越大，那么运营服务的组织价值自然贡献度越高。

我们前面提到的几种类型的基础设施项目，市政道路的比值最小，其次是高速公路，再次是轨道交通，污水处理厂已经接近 1 了，而我们刚才提到的公交线网投资运营项目，虽然企业起初为了提供服务，花费了 1.5 亿元的巨额资金来购置车辆，但是“运营成本/折旧成本”的比值却已经达到 6～7 的高值了，运营组织工作在这件事情上才是起到决定性作用的因素（图 9-11）。

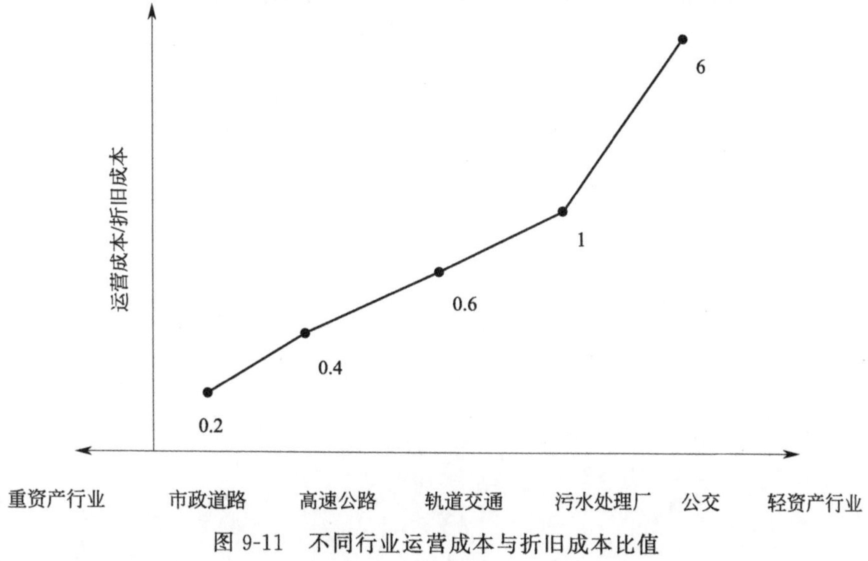

图 9-11　不同行业运营成本与折旧成本比值

注：图 9-11 仅为示意，实际项目上企业的投资范围受到项目条件人为约定影响，情况各有不同，不一定完全符合上述特征。

自然而然的，仅仅以企业的初期资本投入和 IRR 作为衡量企业回报水平的基础，是不那么公平的，或者至少是不充分的。

研讨会上，我对项目进行了拆分，一是如果企业只负责运营服务，由政府购车，那么政府是否愿意按照“运营成本×110%－票款收入”来对企业予以补贴，现场的政府官员和专家均表示这是个大致合理的水平；二是针对企业购车款，政府除了给予成本补偿外，是否应当考虑一定的资金回报，至少要让企业能够偿还银行贷款，实际上按照“折旧成本×110%”支付的购车补偿款，计算下来 IRR 只有不到 4%，与会者均表示合理。

那么两者组合呢？答案自然是可以接受的。

当我们忽略了运营服务的贡献，而把运营服务应得的回报全部加到资本投入的回报之中去时，才使得 IRR 看起来达到了 20%的水平。

双方至此终于达成了共识，都松了一口气，公交运营可以按时开通了，这时最放松的是那位交通局的负责人，终于把“误解”澄清了。

我们常说城市基础设施领域的投资是一个重资产行业，主要原因就是投资体量大，项目周期长，从上面这个例子我们不难看出，所谓重资产和轻资产其实是个相对概念，用初期投资的绝对数来衡量是不够的，“运营成本/折旧成本”才能更好地衡量一个项目是重资产还是轻资产。

IRR 这个经典的投资指标，越是重资产的项目越有价值。

旅游项目投资的形神合一

花钱如九天流瀑，赚钱汇涓涓细流。

——投资经理心得

旅游项目这几年很火热，它与很多概念都沾得上边儿，特色小镇、消费升级、房企转型、长期现金流等，所以投身其中的企业很多，都希望在经济形势还好的时候，为长远的稳定经营打下好基础。

旅游项目也很让人“冒火”，看起来有那么多项目都很火热，但是真正操起盘来，才发现投入简直是个“无底洞”，总是发现还需要再投一点，好像还是不够，还需要再投一点……

大手笔的旅游项目很多，旅游项目很少有纯粹凭空造出来的，总要依托一点现有的资源，再进行升级改造，但是要打造一个高水平的旅游项目出来，动辄三十亿元、五十亿元投资毫不稀奇。

在圈资源的时候，企业都把旅游项目当成“宝贝”，这项目我占下了，这资源可是独一无二的，你们谁也别来捣乱。不过，荣邦瑞明的投资顾问团队，最近在看项目的时候，却发现寻求转让或者引资的旅游项目颇有增加的趋势，究其原因，大部分项目都是投资了3亿～5亿元，甚至8亿～10亿元，却总也见不到效果，企业对于该怎么投资实在是失去信心，找不到方向。

不管是自己挺下去，还是让别人接盘，做到一半的项目总要做下去，要救活，总是要研究起死回生的路线，聘请策划单位、规划单位给项目进行重新包装；接盘或者增资的企业，也要评估未来这个项目是否还有前景，花多少钱能够盘活，怎么才能够让项目真正盈利。

这时又出现了一个很有意思的现象，那就是规划单位成了新的“苦主”，不管规划怎么做，好像都很难让甲方满意，一遍一遍修改不止。大家在探讨的时候，这个概念行不行，那个服务项目是否能做成，谈来谈去总感觉都是纸上谈兵凑出来的很多服务项目，找不到“就是它了”的感觉。

看过了一个又一个旅游项目和旅游规划，总结了企业投资决策的视角，我觉得做不到形神合一是旅游项目难以决策和难以成功的本质。

投资完成了，最终还是要赚钱，否则变成了做义工，投资是失败的。难以决策在于投资一个大型的旅游项目，花钱如九天流瀑，赚钱却需要汇聚涓涓细流，一旦投错了，难以回头。

那么赚钱的旅游项目是什么样？我们不妨以终为始地从财务角度来反推一下一个好的旅游规划应该是什么样子的。

刘禹锡在《陋室铭》中写道，“山不在高，有仙则名，水不在深，有龙则灵。”对于旅游项目而言，总要有个吸引人的理由，游客为什么愿意大老远地来一趟来体验，这是项目的“神”，项目的概念策划就是为了找到项目的“神”。

但是光有“神”没用，若没有吸引人的消费服务和设施，这个“神”的作用也就发挥得有限。中国古代哲学中有种理念叫做形神合一。

范缜在《神灭论》中写道，“神即形也，形即神也。是以形存则神存，形谢则神灭也。”这不光是在推广无神论，也衍生出了形神合一，精神和物质需要融合的思想。

对于旅游项目而言，各类交通、景观、文化体验、娱乐、餐饮、住宿、商务等设施就是项目的形，形与神不合，游客来了也没有足够的消费欲望和消费渠道，“神”的策划再好也是无用的。

而实际的投资，大部分都花费在形——也就是设施投入上了。

投入以产出为目的，大型的旅游项目，要有足够的客流量和消费水平来支撑。

50 亿元的投资，站在 15～20 年的周期上研究，年均客流量需要达到 150 万～200 万人次，人均消费达到 700 元以上，才是一个基本合格的赚钱项目。

大项目客流量多，自然有其消费规律，我们用图 9-12 就可以大致解释清楚。

对大多数大型旅游项目而言，占比最大的游客还是来观光的，基础设施和针对核心吸引力项目的投资就是为基础消费而服务的。在此之上，需要按照客流消费规律配置不同类型和消费水平的升级服务设施。

那么在哪些设施上投资，自然也要与不同类型的消费总量相匹配，不符合这个规律的投资配置必然是失败或者浪费的。尽管不同类型的旅游项目有不同的吸引点，或是需要改进的方面不同，需要回答人从哪儿来，为什么来，为什么消费等一系列的问题，但是投资配置的最终目标，一定是财务状况的和谐。

所以策划和规划，从“神”到“形”，最终的目标，还是要让这个项目具备

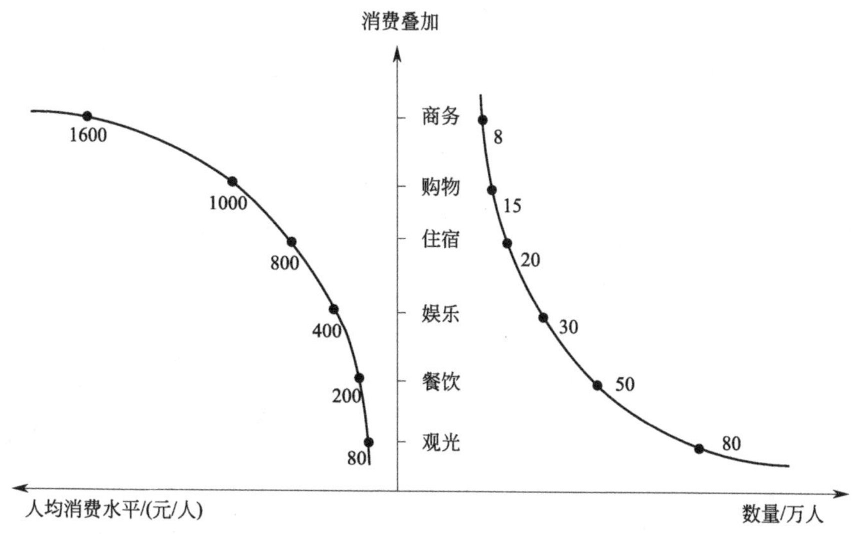

图 9-12 不同旅游需求对应的人数与人均消费水平

吸引足够多人流的吸引力，具备接纳足够多客流的基础设施，具备留住和引发消费意愿的服务项目。财务目标的和谐是对这一切努力的验证。

投资企业在评估如何给一个项目投资的时候，希望能够从规划上、在未经开发的资源和土地上看到未来项目运营的场景，希望项目能够策划得细致，那么首先从总体规律上，我们就要把投资进行自上而下的系统拆解，让项目具备良好的形，让系统的各个部分从经营、服务和消费上互相协调，才谈得上“神”的成功。无论是新项目的投资，还是改善已有项目的盈利水平，最终的目标是让项目的财务状况变得协调，所以研究一个具体旅游项目的发展潜力，不妨让我们脱离单纯讨论概念或者某一个功能是否正确的讨论，回到整体投资目标、财务规律与服务结构的协调性来进行研究，便比较容易形成投资决策。

第十章
投资决策

苹果好不好吃？先咬一口再说

听过很多投资道理，却还是做不好这投资。

——投资经理心得

很多人喜欢尝试新鲜事物，但万事开头难，要尝试新鲜事物，迈第一步是最不容易的，公司亦是如此。

PPP项目现在火了，投PPP项目的上市公司股票也火了，这使得过去很多不做PPP投资，只做服务或者做工程的企业，开始考虑要不要也转型做一做投资，为过去的主业谋个更好的前程。

但是，初始做投资的企业，在迈出第一步时，最常犯的毛病就是标准依赖症。

S公司原本是一家主要做设计和工程总承包的企业，在一些行业的大项目上，完全有着垄断的资本，家底儿可以说是十分厚了。

在过去政府融资平台公司独大的时代，他们的甲方历来都是地方政府。

当时地方政府预算还相对宽裕，加上政府对其有依赖性，S公司那时的风格就是“反正不请我别人就做不了，不付钱我就不给图纸。”

但后来平台公司不让融资了，投资项目数量在一段时间内出现了下滑，政府没钱请他们了。

他们的日子开始难熬。

直到PPP火了以后，他们本以为日子会好过一些，可是他们意外地发现，现在是企业掏钱做设计了。

众所周知，企业相比政府，则是能省则省。

于是，身边的同行们纷纷转型做起了PPP投资。成立项目公司，项目公司给作为承包商的母公司付钱，条件自然好得多。

见此，S公司也寻思着制定转型战略，变身投资人，自己拿项目的困境不就都解决了吗？投资测算那点事儿，编可研、做测算之类的，过去都不知道做过多少了。

S公司做的第一件事就是成立投资部，确定投资战略目标：今年要拿到总计100亿元的投资合同。

这目标看起来很大，但在S公司的老总和各管理层心中，其实不算什么事儿。

他们做前期设计和做总承包的项目，论投资规模一年加起来也有上千亿元了，从里面弄一点出来自己投投还不是很容易？要做的，无非就是优中选优。

定下了宏伟蓝图之后，最重要的就是执行了。

S公司“一把手”带着一群领导班子，给投资部部长下了任务：制定一套投资标准和投资管理程序，然后选项目。

这下投资部部长有的忙了。

这是个新事物，投资工作是他们今后开展业务的龙头，与各方面工作都有关系，自然要多征求各位领导们的意见。

经过一轮又一轮的讨论修改，投资项目筛选标准和投资管理制度流程总算是基本定下了。

然而，按照这个规程一操作，大家都有点意外。

原来他们做前期的那些项目，没有一个达标的，不是这儿太差，就是那儿太糙，不管什么项目，十条标准里至少有五条不达标的，这谁敢决策？

那怎么办，不能违规决策，只能改制度。于是，他们赶紧请了专家过来，帮着重新制定投资标准和管理制度。

与S公司的老总聊了半天，我终于意识到，与没做过投资的人聊投资标准，如同与没吃过苹果的人说什么样的苹果是好苹果一样。

于是我与S公司老总定了两个原则：

一是我不做顾问，而是要做教练；

二是不定标准只说项目。

没有这两条，在转型做投资这条路上是走不远的。

S公司老总也意识到自己是不可能听明白的，于是在研讨会上终于对投资部部长下了赦免令，公布了新的目标：

① 不定标准，凭感觉来，觉得哪几个项目好，一个一个具体讨论；

② 放低姿态，看看别人投的项目是什么条件，别人能看得上的咱们也能接受；

③ 不定任务，不瞄着大项目，只要能投的、看得上的，来者不拒，先投几个再说。

听完，投资部部长长舒一口气。

其实S公司老总和领导班子的心态是很典型的，但凡成熟的大企业，在尝试进入新领域、新行业时，都免不了想着把原来的经验移植过来。

凡事有标准和有程序，是大企业的运转特点，但是在大企业转型的时候，阻碍成功的，往往恰恰是定标准和定程序的心态。

这就好比让一个卖香蕉的，拿着一套什么苹果是好苹果的标准，去市场上进行采购一样，其实他们根本不清楚什么是好苹果。

所以说，苹果什么味儿，先咬一口再说，哪怕你是卖苹果苗的，也绕不过这一关。

投资决策谁来牵头，这是个问题

谁说了算，这是个问题。

——投资经理心得

W总所在的公司是一家规模颇大的环保投资企业，最近两年公司的发展势头十分不错，逐渐开始在全国各地频繁地参加投标，不断有项目落地，公司的发展也越来越规范，市场部、工程部、运营部等核心部门不断壮大，不少环保行业的骨干人才纷纷来投。

虽然公司发展势头迅猛，但W总最近却有些烦恼，什么原因呢？原来市场部和项目前期小组闹矛盾了。

这个矛盾还得从拿项目说起。

投资决策谁来牵头？

1. 市场部：不懂建设运营，一心只想拿项目

W总的公司主要是投资污水处理厂、垃圾处理厂等类型的环保项目，这些项目通常是由地方政府推出的，采用的是当下流行的BOT模式来运作。每个项目上，最终的项目条件都要靠公司与地方政府签署的BOT合同来约定，合同是厚厚的一个大本子。

要谈的项目很多，各地方都有各地方的关系渠道，只靠总公司那几个人难以应对，所以每个项目在前期跟踪和谈判的时候，公司都要成立一个项目前期小组，小组里市场的、工程的、运营的、法务的各种专业的人员都有。

但要与政府洽商谈判，七嘴八舌不行，总要有一个项目总负责人。既然BOT项目要与政府长期合作，与政府的关系一定要处理好，这方面市场部的同志是最有经验的，于是，W总规定每个项目前期小组，都有一个市场部门的人总负责，其他人员协助。

一段时间运作下来，效果还是不错，接连拿了不少项目，每个月都有两三个新合同签约，W总非常高兴，大大奖励了市场部门。

合同签下来了，剩下的就是组建项目公司，建设和运营这些公司。

既然后面的都是专业事项，那就派专业的人继续接手，于是W总准备从工程部门或者是运营部门选派总经理，去组建项目公司。

谁知道工程部门和运营部门的人都不愿意去，怕完不成任务而“背锅”。

2. 技术部：瞻前顾后，业绩惨淡

经过公司高管会议讨论，W总决定做出调整，项目前期小组以后由懂技术的人员牵头，市场部门的人员辅助，参与前期谈判，务必争取更好的合同条件。这回谈下来的合同，不会找不到愿意去前方执行的人了吧。

可是几个月下来，W总发现形势不对，签约进度大大降低，甚至有两个月一个合同也没有，股东们不愿意了，市场拓展这么慢，怎么上规模，什么时候能上市啊?

是市场形势变化了吗?W总看到同行的几个公司都在不断地签单子下来，项目还是很多啊。

一番调研下来，W总发现，这回轮到市场部门的人来“吐槽”了：“老总你看，你让这些懂技术的人负责谈合同，他们这也怕那也怕，合同还没签呢，就想着十年以后万一出什么问题怎么办，政府提什么条款他们都不答应，投标总是价格高高的，就怕控制不住成本，项目都谈不下来，更别提中标了。你让技术部门的人牵头，总拿不到单子可不怪我们。”

3. 新建投资部：“赶鸭子上架”，死模板难应对活项目

W总有点郁闷，这可如何是好?

有人提议说：“我们多招一些既懂得BOT合同，又懂点技术还能协调政府关系的人来做牵头人不就行了。”

W总听了哭笑不得：“市场上哪有那么多综合型的人才啊，我要是能招来这么多这种人才早就不发愁了。”

想来想去，W总把市场部里对投资比较专业的副总集中起来组建了投资部，又请来了顾问公司给全国各地方的市场部人员和技术部门的骨干上课，讲投融资原理、讲BOT合同，W总亲自在培训课程的开班仪式上做了发言，要求大家都要学点投资，懂点BOT专业，市场上没那么多综合型人才，我们自己培养。

培训的过程中，W总偷偷地在教室外面观察了几回，发现不管是做市场的，还是做技术的，对于学投资都有点缺乏兴趣，几天下来，实在没记住多少。

最后，W总把任务交给了新组建的投资部：“你们最专业，你们来想办法。”

投资部于是制定了一系列投资标准和合同范本，不管项目组谁牵头，都要照着模板谈。

这回投资部又变成众矢之的了，大家纷纷抗议，项目是政府发起的，基本条件是政府拿出来的，政府又不会照着我们的范本写，我们去谈合同、投标的时候，总不能让政府照着我们的模板改吧。

关于到底项目拓展的时候谁牵头这件事儿，就这样反复了好几回，W总终于释然了。是啊，基础设施投资，企业终归是乙方，不可能都照着自己的期望来，该妥协的时候还是得妥协，不灵活一点根本拿不到项目。

4. 投资无法尽善尽美，正确评判才是王道

荣邦瑞明的投资顾问团队，在给投资企业服务的过程中，经常遇到像W总的烦恼，特别是在投资企业从中型向大型扩张的过程中，这种现象愈加地普遍。

企业小的时候，每年拿不了几个项目，老总经常在关键环节亲自上阵决策，能够把握得住投资决策的关键要素。当企业规模越来越大，项目机会越来越多，需要各部门协作来完成项目开拓过程时，综合型人才必然会成为瓶颈，决策难度反而变得更大了。

经过了多年的磨合，W总手下的拓展团队终于越来越成熟了，他们明白了一个道理：投资终归无法尽善尽美，没有哪个项目是完全没毛病的，只要项目没有“硬伤”，就算得上一个好项目。

拿项目的人靠签合同实现业绩，做项目的人靠完成合同实现业绩，在投资决策这个环节，弄清楚每个项目那些不能尽如人意的地方，给予正确的评判、找到化解的手段或是调整考核目标，就会给决策创造出一个更好的环境，给企业带来更多的机会。

位置决定想法，谁说了算，在投资决策中永远是个问题。

决策三要素之投资标准

标准是按照“三好学生”定的，但项目都是“坏孩子”。

——投资经理心得

每一个城市开发和基础设施领域内的投资企业，最重要的决策就是投资环节的决策。

决策者身上背负着重要的责任，当前方的项目开发团队，经过反复的尽职调查，与政府方面进行了一轮又一轮的谈判，或是与合作方进行了反复的讨价还价后，将厚厚的项目投资报告递交到决策者的面前时，决策者需要做出最终的决定，是否决团队的辛苦付出，还是将大笔的资金投到项目上去。

因此，每一个投资企业，在投资决策这个环节都是慎之又慎的，企业越大，决策机制越复杂，以求做出“最优”的决策，实属不易。

荣邦瑞明的投资顾问团队，经常要参与到企业的投资决策环节中去，在多年为各种类型的投资企业提供项目评估和决策支持的服务中，笔者发现，实际上无论是项目经验不那么丰富的小型投资企业，还是经验丰富、投资过很多项目的大企业，做投资决策都不是一件轻松愉快的事情。

一个投资决策能够最终被达成，是三方面因素“共振”的结果，这三方面的因素是：投资标准、决策程序和参与决策的人，每一方面都对达成一个好的投资决策产生着重要的影响。

那么这三方面因素在投资决策过程中，是如何发挥作用以及相互影响的呢？让我们逐一进行分析。

1. 投资标准是决策的准绳

投资标准是项目的前期团队选择项目以及决策团队进行判断所依据的一系列准绳。

每个企业都希望有一套投资标准，特别是面临很多潜在投资机会的大机构，因为有了投资标准，可以节省各方面大量的精力。首先，项目团队知道什么样的项目是值得花功夫去努力寻找的；其次，推荐项目的合作伙伴或交易对手方也可从中了解，如何设计项目模式以满足推荐对象的要求，而决策者们在决策时，也有了判定的依据，便于大家达成共识。

投资标准怎么制定并没有一定之规，通常是由几方面构成的。

第一类标准是反映企业所投资领域的核心要素。

对于投资产业园区、小城镇等城市综合运营类型的企业，这类要素如下。

① 在什么样的地区选址：比如东部地区省会城市的郊区及临近地区，或是3小时交通圈层覆盖人口数在2000万以上的小城镇等。

② 选择多大的项目：比如项目体量规模原则上不低于10平方公里。

③ 选择什么开发特性的项目：比如拟投资区域的商业、住宅类用地比重不低于规划面积的40%等。

又比如投资大健康领域的企业，这类要素通常包含：

① 项目位于大城市郊区或者距离城市中心区车程不超过3小时；

②（医院）床位数不少于70个；

③ 投资区域环境负氧离子浓度不低于××水平等。

这类因素通常反映了企业运作此类项目成功的关键自然因素。

第二类标准是反映企业期望收益的标准。

① 项目的内部收益率不低于8%。

② 项目累计净现金回正时间不超过8年等。

第三类标准是反映企业的厌恶型因素或者风险要素。

① 征地拆迁成本不得高于总投资额的30%。

② 项目前期程序要完备，进入财政部项目库等。

这三类标准综合在一起，大致勾画出一家投资企业所希望投资项目的轮廓。

2. 好准绳是有弹性的

有了投资标准，一切按照标准执行，投资不是变成了一件很容易的事儿？

答案自然是否定的，若投资能够如此简单，优秀的投资企业岂不到处都是？可原因是什么呢？

投资标准并不是都可以进行量化的，也有很多标准是难以量化的。

比如某大型财务投资人选择合作方的标准：

① 具有区域影响力并拥有优质项目资源的市场化机构；

② 具有专业影响力并拥有优秀项目管理团队的市场化机构；

③ 地方政府平台公司需具有较强的创新思想和发展理念，具备较强的统筹协调能力、规范操作意识和信用意识。

什么是具有区域影响力？什么是优秀的管理团队？什么样的公司算是具有创新思想和发展理念？这些很难用一条条指标来判断，需要靠人的经验和视野来分析，而这样的非量化因素，在投资项目的成败中起着至关重要的作用。

即使是量化的标准，通常也会留一定的弹性，很难实现“一刀切”地制定一个单一的标准。

比如项目内部收益率水平不低于8%这样一个标准，在决策环节，这个标准是一个期望收益的概念，对于基础设施项目而言，这个目标很大程度上受到调价公式设计和对通货膨胀的预测影响（另有文章论述此问题），项目的期望收益率可能在一定区间内波动，如7.5%～8.5%，这时单一的标准就不适用了。

并且对于决策者而言，很多情况下，一个可靠的能够获得7%收益率的项目，要强过一个不那么稳妥的期望收益8%的项目，决策者的风险偏好是很重要的主观因素。

或者项目具有特殊的意义，比如2008年奥运会之前，北京市推出了五个污水处理厂项目，虽然规模不大，但是竞争异常激烈，各家投标企业都把自己的期望收益水平压低到了6%甚至更低，以求得获得标杆性的项目，并借此进入北京市场。这样的因素必然是用通用标准难以明确的，是否是战略性的机会，也需要企业最高决策者来判定。

除了需要有弹性之外，投资标准还需要在实践中不断调整，特别是关于收益率水平的标准，因为这样的标准一旦定出来，就可能成为竞争对手攻击的目标。基础设施领域，很多项目需要企业参与政府组织的竞标来获得，如果一个企业制定了投标时期望收益水平不能低于8%，那么这个标准则马上会被竞争对手所利用，应把自己的期望收益定位略低于8%，从而获得有利的竞争地位。并且制定的标准是不大可能严格保密的，否则自己的前方团队也没法工作，所以只能在最终的决策环节随时做出适当的调整。

投标标准定得太高，潜在的投资机会就会大大减少，找不到多少能够满足要求的项目。

投资标准定得太宽泛，上会的项目数量则会大增，决策人就会经常处于面临项目食之无味、弃之可惜的状态，实际投了的项目也常会面临风险。

因此，投资标准这件事儿，对于大企业而言，必须要有，但是要找到一个平衡点却非常不容易。这个平衡点指的是可以筛选掉大多数有明显硬伤的项目，筛选出基本达到投资者期望的项目，而这些项目的数量又不能太多，既给了投资企业选择空间，又不需要决策者们陷于频繁的决策之中。

从这个角度来讲，投资标准更像是一个筛子，筛子的网眼儿大小，需要用经验来判断，也需要根据市场的变化来进行调整。

所以，好的标准是科学和艺术的混合体，让数字发挥刚性作用的部分是科学，让人的经验发挥作用的部分则是艺术。

在标准之上，程序和决策人如何发挥作用，见下节内容。

投资决策三要素之决策的程序

决策程序不仅仅是制定一套流程，更重要的是弄清楚它如何发挥作用。

——投资经理心得

上节介绍了投资的标准，它是项目的前方团队和投资决策者工作的依据及准绳，但是它要发挥作用，则需要依附在具体的决策程序之上。

所谓决策的程序，简单而言，就是分几个阶段决策，以什么形式决策和由谁来决策。没有好的决策程序，即使有好的标准，有对的人，他们也难以发挥作用。

那么什么是好的决策程序呢?

做出一个决策，通常是通过开会实现的，那么一套决策程序首先要说明白的就是开几次会、分几个阶段决策以及什么时候开会。

好的决策程序，首先要让决策的阶段与投资项目的运作特征相匹配。

站在以我为主的视角制定的决策程序，开会通常是定期的，比如每个月一次立项会、一次投审会，这样大家的时间都容易安排，但是基础设施项目的运作过程，有多种情况，很多时候企业无法完全按照以我为主的方式来制定程序。

下面举几个例子。

一类基础设施项目是由政府发起的。企业前期无论与政府沟通得多么深入，也无法绕过通过政府方组织的公开竞争程序获取项目的环节，而这个过程中，什么时候开会决定是否投标以及如何报价，显然不是由企业的定期会议来决定的，而只能根据政府的程序进行。

这种打破企业常态安排的决策程序，要像企业的定期会议一样凑齐各方人员，显然是不那么现实的。那么决策范围势必要缩小，决策会议的召开时间、召开地点必须更加灵活，而给予决策人的授权就必须更大，因为项目一旦进入公开竞争程序，这个程序是不会因为企业的犹豫而被改变的。

现在政府的采购行为又有更多灵活的创新，比如近两年刚刚推出的竞争性磋商采购方式，政府方会要求参与竞争性磋商的企业，在现场进行二次报价，以二次报价为准进行评标，那么这个现场决定性的报价过程，自然要通过更小范围、更加充分的授权来实现，而不可能通过常规决策会议来实现。

还有的投资项目，不是企业的单方投资，需要与合作伙伴组建联合体进行投资，两个决策标准和决策程序不完全一样的主体组合在一起，又进一步加大了决策的不确定性，一旦有一方中途因为某些原因退出，那么另一方也会变得十分被动，多半这次合作投资行为会失败。

那么更合理的联合决策程序，不是两方各自开会，也不是两方联合开会，而是要求相对更高或是操盘作用相对次要的一方，将自己的底线要求告知合作另一方，由另一方作为牵头方，随时决策当突破合作方底线时自己是否还要进一步坚持并给合作方利益补偿。

举这些现实情况的例子，想要说明的是，好的决策程序，第一方面是应当有根据项目实际情况进行调整的机制。

好的决策程序，第二方面是要在对不同的会议性质和决策内容有清楚的定义，防止参会人做出错误的判断。

投资项目前期的任何决策，实际上都是针对资源分配的决策。

是否在公司内部立项并进一步跟进，分配的资源是公司的专业人力投入，有时还要聘请专业服务机构予以配合。

是否最终投资，分配的资源是公司的大量资金和更大规模的建设、运营团队。

所以决策会议的参与者要清楚地知道自己的决策会对资源分配产生何种影响，并在会议一开始就弄清楚会议的性质。

开会看起来是一件很简单的事情，其实不然。

我曾参加了一家投资企业的一个投资会议，会议上投资部门的负责人提交了几个项目，准备了厚厚的材料，结果遭到了与会参与者的猛烈抨击。这位负责人非常不解，他本意是期望能够获得更多的建议，以便于与政府进行更加深入的谈判沟通，确定方向，但是没有人给他提建议，只有否定意见。

会后我让他去咨询了参会的高管人员是如何定位这次会议的，结果得到的反馈是，几名高管事前都以为这次是决定是否要投资的会议，厚厚的材料反而强化了他们的认识，所以他们在感觉到项目还有不少缺陷时，纷纷提出反对意见。

所以企业的投资会议形式多样，是咨询会议还是最终做出决定的会议，这在程序上是必须要完全定义清楚，并让每个参会人员都非常清楚的。

甚至在某些情况下，一个做决定的会议，在发现有某些条件达不到要求，但是项目又存在转机时，完全可以从决定会议转成咨询会议，这是决策会议领导者的判断责任。

好的决策程序，第三个重要方面，我认为是决策人知道应当如何应用决策标准，并发挥自己的作用。

投资标准制定出来了，有的投资标准还定得比较细致，内容很全面，那么决策程序和决策会议是干什么用的呢？

程序和会议中的决策判断其实主要针对以下几类因素。

常规审查：是否真正符合决策标准，要件是否齐全。

模糊地带的判断：有很多定性的因素需要论证，比如我们在上节中提到的针对潜在合格合作伙伴的定性标准。

可靠性评估：前方团队拿出了一个各项指标都合乎标准的项目，在关键因素上，需要评估这些内容的可靠性，比如预期收益率10%，看起来很高，实现10%收益目标的关键假设条件是否真的可以达到，如定价、市场需求等。

资源匹配性的决策：比如融资工作本公司是否能够完成，招商工作本公司是否有团队能够完成，完成这些任务到底需要公司配置什么样的资源支持，是否值得。

例外性因素的判断：有哪些例外因素值得公司降低或者提高投资标准，打破常规的决策判断。

决策程序上的参与者，应当清楚自己的角色是针对哪些因素提出决策意见和建议，决策程序和会议的主持者更应当清楚每个人提出的意见是什么性质的，才能够加以整合。

之所以这么说，是因为决策机制与决策团队的组成特征有密切的关系，如果参与最终决策的团队成员以综合型考量作为每个人的出发点，那么少数服从多数的投票制就是有价值的；如果参与决策的成员各有侧重点，那么应当采用一票否决制，或者将决策权赋予具有最高资源调动权的企业高管，由他判断是否值得和能够利用进一步的资源调动，来解决决策会议上某一位参与决策者站在自身角度提出的项目缺陷，这时参会的其他人员的意见一定程度上则变成了咨询性质。

制定一套好的决策程序，是一个很不容易的过程，它绝不是一套流程那么简单，很多投资企业的高管人员对自身形成的很多决策不满，实际上是在制定决策程序之初，就没有弄清楚决策程序是如何发挥作用的，履行程序的过程，也缺乏具有清晰认识的主持人的引导。

在投资决策的三大要素中，决策程序看起来是简单的，实际上它是投资标准和决策人能够正确发挥作用的载体，值得每一个投资企业花更多的时间去总结和反思。

投资决策三要素之决策的人——决策为谁而定

企业的投资决策本质上都是为人而决策。

——投资经理心得

前面两节我们探讨了企业投资决策的标准和程序，这两方面的要素似乎相对而言都是客观性比较强的，感情色彩不那么明显，下面要探讨的是投资决策过程中的人这个要素。

“是泥人还有三分火气”，这句谚语描述了人的本质，人是有感情色彩的，再理性的人，也会存在感性的一面，有长处也有短板，人的特性在投资决策过程中起的作用是非常至关重要的。

城市建设项目的投资决策是一个复杂的过程，自然涉及的人也会有很多类，我们的探讨从一个小故事开始。

Y 总原来是一家中型投资企业 T 公司下属公司的“一把手”，T 公司原本以做工程为主，后来在母公司上市之前，按照母公司的战略，把业务重心大规模地向投资端转移，转型为投资、建设、城市经营一体化的综合投资企业。

Y 总就是在这样的背景下，升任了主管投资的副总裁，并亲自操盘了公司第一个大型的片区开发项目。这个项目在当时的市场环境下，也是一个非常创新的事物，自然各种手续有很多突破原有轨制之处，而政府虽然勇敢地迈出了创新的一步，与 T 公司签署了投资合作合同，但是在项目实际运行之中，还是谨小慎微，与 T 公司“边打边干，边干边打”。

Y 总与政府打交道多年，深谙与政府打交道的方式，在一线与政府磨合的过程中，帮政府方的各部门解决了很多五花八门的现实问题，其实这些都与合同内容看起来没什么关系，但是却因此深得政府方的信赖，项目也做得很顺利。

几年之后，Y 总调任至另一家更大型也更成熟的投资企业主持日常投资工作，这家企业每年要投不少项目，前期线索都是由各地的事业部推荐而来的。

Y 总很快就推了一批项目上报投审会，他觉得这些项目条件都很不错，至少比自己当年操盘的第一个大项目强多了。

投审会的评审结果很出乎意料，这批项目只通过了一个，其他的都被否决了，不再跟进，Y 总有点惊愕，就问投审会的投审委员们："这些项目的问题应该都不算严重，都可以解决，为什么不予通过?"

投审会委员们也很诧异，这些项目本身手续就很不完善，而且这几个项目所在地的政府也有过与企业的纠纷，似乎不是很好打交道。

Y 总拿自己的经验来向投审会解释："这几个被否决的项目，比我当年操盘做的项目条件还是好不少的，政府的问题完全都可以在做项目过程中逐渐解决，当年我操盘项目的时候这些问题是如何解决的……"。

听完之后，一个投审委员向 Y 总解释道："你说的没错，可是现在不是你操盘了，是我们的一个个前方团队在进行操盘，除非调动公司资源，并让你亲自出马，一个一个地帮他们解决项目上的各种各样的问题，否则这些项目一旦上马，多半都会出问题；而且我们的项目渠道多，总有机会优中选优的。"

这次投审会的经历，折射了一个投资决策中有时很容易被忽略的站位问题，投资决策的时候，首先要弄清楚我们是为谁决策的。

在投资企业发展的早期阶段，公司的"一把手"经常要亲自上阵，解决项目运作中的很多问题，企业也没有那么多选择，能够拿到一个项目是很不容易的。

当投资企业逐渐发展壮大，项目越来越多的时候，"一把手"再也没有精力去亲自操盘，职业经理人逐渐在前方操盘团队中占比越来越高，于是，每一个投资决策，看起来最终是在公司层面上做出的，实际上是为前方团队而决策的，让项目执行能够不出问题，实际很大程度上取决于前方团队的能力。

所以参与投资决策的人，除了站在自己的经验基础上进行判断之外，更重要的是要了解前方团队的能力，判断如何在有限的资源配置之下，更好地帮助前方团队完成投资操盘工作。

这也是为什么很多企业在做大了之后，要提炼模式、流程，除了对外营销的作用，很大程度上也是为了降低对前方团队操盘的能力要求，让更多的职业经理人能够达到操盘的门槛，也是为了在投资决策的时候，适度弱化人的因素。

不过，城市基础设施和发展的投资，终究要与地方政府打交道、与合作伙伴打交道、与服务的使用者打交道，这么多人终究是无法都被画像和标准化的，因此操盘人的能力和特征是投资决策者们不可忽略的因素。

能够进入大型企业投审会的，多半都是有多年经验，视野和能力很强的公司高层，对于他们而言，很多困难看起来都是可以迎刃而解的，但是真正在决策的时候，每个人都应当意识到，自己实际上是在为谁决策的，当公司资源不会全面介入项目一线操作的时候，实际上这个决策是为一线的操盘人决策的，这是决策思维的第一个站位问题。

投资决策三要素之决策的人——投决会谁说了算

十个臭皮匠，也不如一个诸葛亮。

——投资经理心得

比较大的城市建设投资企业，也都有投资决策委员会的机制。投决会的人员构成，通常是企业各个业务板块的高管，比如主管工程的副总经理、主管运营的副总经理、财务总监、法务总监、总经济师及总经理等。

当投资部门将经过筛选和设计的投资项目报告提交上来的时候，投资决策委员会就需要做出最后的决策。

投资决策委员会是一种群体决策机制，风险投资和证券投资领域的机构们已经运用得很成熟了，通常情况下是少数服从多数的投票机制来得出最后的决定，决策者们相信群体智慧要大于个体智慧。

这样的机制也时常被借鉴到城市建设投资领域，不过在真实的运用中，却常常有些走样。

走样的根源有两个：一是决策的对象特征不同；二是决策的人不同。

城市建设领域的投资决策，针对的是项目，投资企业最后总是要自己操盘，把这个项目从无到有地建设起来，还要运营上一二十年，并且要协调好这个过程中与政府、承包商、供应商、消费者等方方面面的关系。

风险投资投的对象多是企业，证券投资投的对象自然是股票、债券之类的金融资产，这些投资对象背后的实体，多半操盘者另有其人，投资者并不需要事事自己操心，判断对错是一个更主要的决策点。

与之相比，城市建设领域的投资决策对象是一个很长期的项目，要考虑的因素则要多很多。

正是因为决策对象的差别，决策委员会的人员也有了很大的不同。

投企业和投证券的决策，投委会的成员通常主要有两类：一类是投资专家；另一类是行业专家。投资专家判断价格是否划算，行业专家判断行业发展趋势是否对路，两者对照就比较容易得到结论。

而城建投资企业的高管们聚在一起，互相之间的专业隔阂就大得多了，管工程的老总多半只懂得工程建设，法务总监多半只懂得政策和合同合规，管运营的老总多半只懂得运营组织和成本控制，财务总监更关心与政府怎么结算，管政府关系的老总多半不是专业出身。

高管们面对厚厚的 PPP 项目合同，每人只懂得一部分，但是每一部分正确也不能保证项目整体的成功，而某个部分的不理想也不代表整体上不能成功。

这就好像一头大象，活着的是一个整体，把身体的各部分切开来看时，腿似乎太粗了，有点笨拙；尾巴好像太短了，不够飘逸；耳朵好像太大了，容易招寄生虫，看哪儿都有毛病。

所以各个老总们站在自己的专业角度看这个项目的时候，常常觉得毛病很多，不大理想，于是投起票来多半反对声音很多。但是要求他们每个人都有很综合的经验又是不现实的，于是投票制在项目投资决策上实际上并不那么有效。

这时我们就很容易明白，一个具有整体思维和整合能力的投决会主席，在城建项目的决策会议上有多么的重要了。

他最重要的作用是引导思考，让不同专业的高管根据自己所擅长专业的经验，判断不同的部分是否存在无法解决的硬伤，只要没有硬伤，那么他接下来就需要整合大家的意见，从项目整体角度来判断是否具备投资价值。

所以对于大型的城建投资企业而言，投资决策会议上，民主集中制经常要优于少数服从多数的投票制。

也许有人不服气，在投资决策这件事儿上，就算各个专业的高管综合水平不够，但至少也算个“臭皮匠”了吧，俗话说“三个臭皮匠还赛过诸葛亮”呢。其实仔细想想，这句谚语在什么情境下能够成立呢？那就是出主意，三个臭皮匠总能想出很多主意，这些主意里时不时也会冒出一两个诸葛亮也想不到的好点子，但是出主意不同于做决策，没有整体思维，一百个臭皮匠也比不上一个诸葛亮。

那是不是说城建项目的投决会最后就要变成“一言堂”了呢？投票制就完全没有用了呢？也并非如此，毕竟投票法这套决策机制，还是很受欢迎的，特别是国有体制下的投资企业，“一把手”再有能力，也不敢在高管班子普遍不看好的时候，就决定这个项目一定要做。

只是投资决策班子，要不断地磨合，让参与决策的人逐渐都具备一点思考局部专业与整体项目之间关系的思维，最终才能让投票决策的方法走上正轨，不会错失好的投资机会。

荣邦瑞明的投资顾问团队，在为企业提供投资决策支持服务的过程中，时常看到这两种机制发挥作用，它们没有绝对的好坏之分，但是有适用的场景之别。

总结起来，民主决策的方法，在大企业中体现得多，特别是央企和国企。这种群体决策不大容易出彩，不太可能做出冒风险的投资决策，做出的决策多半中规中矩，在比较成熟的行业领域中运行得不错，但是在新的模式、新的机会出现的时候，它就比较容易成为障碍，央企和国企面对新的市场机会转型慢，很大的原因也与此有关。一些大型的民企，当“一把手”逐渐脱离一线时，也常常会表现出这种特征。

集中式的决策，在民营企业中体现得比较多，毕竟投资的钱是老板的，老板这一票比其他高管的票加起来都重要。面对新的市场机会，集中决策的反应速度和冒险精神都要高得多，它的问题则是有时候“臭皮匠”们连出主意的机会也没有，容易“一条道走到黑”。

投资决策会议，不管采用什么样的决策机制，最终做出决策的都是人。“不识庐山真面目，只缘身在此山中”，当决策者们能够走出庐山，看清楚自己的位置时，一套好的决策班子，和一个优秀的决策，也就不远了。

从熟人关系开始，用生人视角决策

人熟为宝，熟了就好。

——投资经理心得

作为企业的投资顾问，笔者经常要陪同投资企业与政府见面聊项目，在这个过程中，几乎总是会听到企业的领导或者项目团队说的一句话，就是“我们跟某某领导很熟”。

与某个领导很熟，似乎是每个项目的起点，也是增强企业间合作信心的一个关要，无论是地方政府主动邀请的，还是企业找上门的。

中国的熟人文化，就算经历了市场经济的三十多年洗礼，也从来没有退出过商业舞台。

“人熟为宝”，这个说法在小说里被用来讽刺关系大过规矩，在市场经济规则下，也常常受到诟病和讽刺。

不过细想想，似乎“人熟为宝”也有它的道理，地方政府和投资企业都是法人，法人也有个性，国有企业似乎保守一些，民营企业显得更激进和灵活。

不过对于项目的合作双方而言，是不大可能真正把对方的行事规则摸得一清二楚的，在前面做事的还是实实在在的人，是人就有七情六欲、亲疏远近。一个大项目的上马，最终还是一群人在一起做事儿，如果互相不够熟悉的话，对于地方政府而言，似乎也不敢随随便便把一个项目交给一个陌生企业；对于企业而言，不熟悉政府班子的工作方式，自然也不敢随随便便把大量的资金投下去。

因此人的因素，是不可避免的，影响还很大，它是项目决策过程中天然存在的组成部分。

不过，人熟不代表项目一定能够成功，笔者还听到企业常常问另一句话，“万一以后政策有调整怎么办?”

投资企业问这句话，似乎也不是空穴来风，项目执行过程中，政府和企业的纠纷在城市建设领域一直是个热点话题，大量的批评都聚焦在了“新领导不理旧账”上。

投资企业问这句话的时候，似乎已经脱离了与某个领导很熟的阶段，进入了生人语境，似乎在生人模式下，政府成了一个受质疑的主体。其实这种观点不过是熟人文化的另外一种体现方式罢了。

从这两句话里我们可以看到，企业是很相信熟人文化的，脱离了熟人文化的环境，不免产生怀疑心理。

而城市建设项目周期很长，动辄十年八年，甚至二三十年，地方政府的领导可能都换好几届了，企业的“一把手”多半也要更换，当年笼罩在项目上的熟人关系，终归是要变陌生的，那怎么办呢？

“解铃还须系铃人”，要解开熟人文化的结，还需要从用好熟人文化入手。

企业的投资决策，无非是要研究两件事儿：一是项目本身条件好不好；二是项目的投资环境好不好。所以用好熟人文化，也要从这两件事儿入手。

一是谈项目的时候，别让面子耽误事儿。

熟人文化在项目前期推进的时候，带来的好处就是能够加快沟通速度，既然彼此有认同和熟悉，很多事情就好谈一些。同时它带来的弊病就是很多事情发生意见相左的时候，容易把问题搁置，合同写模糊一点，等遇到问题了可以再商量。

一旦熟人环境不存在了，当年你知我知，暂时搁置的问题，就变成了新领导眼里的“地雷”。所以在与领导沟通还顺畅的阶段，不要为了面子把问题搁置，而要趁着有良好关系在的时候，把该谈的事儿都谈清楚。

这个阶段千万别怕面子上过不去，这对熟人关系的双方都是保护，说清楚自然能够互相理解。

二是在选择投资环境的时候，一定要脱离熟人文化来决策。

后任领导什么个性，什么经历，什么偏好，谁也预测不了。不过有一件事儿是确定无疑的，那就是“覆巢之下，安有完卵”。

政府与企业发生纠纷，脱开项目本身的问题，多半是由于城市发展乏力，财政困难。因此，项目所在城市的发展能力评估，是一件十分重要的事儿，特别是那些周期很长的项目，所谓“大树底下好乘凉”，就是这个道理。

对于很多投资企业而言，这一点显然没有得到足够的重视，项目投资评估报告中，多以两页纸的项目背景概述一带而过，似乎与政府领导熟了，这件事儿就不重要了，但这对企业而言，才是真正的“地雷”。

不过要做到这一点也并不容易，需要投资企业有解读城市的能力，这既需要技术功底，也带有较强的主观判断，我们以后再讲。

回到我们开篇探讨的问题上，对于投资企业而言，从熟人关系开始，以生人视角决策，把今天的关系用足，为没有关系的明天铺路，这才是在熟人文化背景下长期投资的正确心态。

风控好说不好做

风控做多了，不是变风恐，就是变疯控。

——投资经理心得

上点规模的基础设施投资公司都有风控部门。可是风控不好做，在公司里到处都是“敌人”，其他部门都想投项目，只有风控部门总是出否定意见。

我经常听到对风控部门的意见，市场部的人说，“我们的风控部门太麻烦了，评审项目就两条不行，这也不行，那也不行，所以什么都不用干了，我们整天在外面跑东跑西的，忙活几个月，几句话就给否了。”

投资部的人说，“你总跟我说这样不行，你倒是给我出个招儿啊，怎么干行？结果我们风控说这不归我管，怎么干是你们要研究的事儿，我只考虑风险。”

规模越大的公司，风控部门越受到“一把手”的重视，毕竟投资的项目越来越多，越来越大，总要有人从风险角度多考虑考虑，稍有不慎就容易导致失败。

如果一个公司的投资工作讲究“阴阳平衡”的话，多数业务部门都是偏“阳性”的，只有风控是偏“阴性”的，没了风控，就容易“阴阳失衡”。

不过真正做得好的风控也着实不多，各种针对风控的“吐槽”，并不都是偏见或者情绪，很多是从无奈中升华出来的。

荣邦瑞明的投资顾问团队，在给企业做投资顾问的时候，接触过许许多多的风控部门，观察下来，风控工作不好做或者做不好，既有公司整体的原因，也有风控部门本身的问题。

1. 风控不是一个部门的责任

在公司层面上，最常见的误区，就是经常给风控部门压下太多的责任，我经常听到一种说法，“风控部门是公司投资项目风险控制的最后一道关口！”说这话的，既有公司的“一把手”，也有其他业务部门的高管。

这话听起来对风控部门很重视，实际上经常施加了太大的压力。这句话背后似乎有一句潜台词，前面各个环节有漏洞没关系，到你这儿就不能再有漏洞了，出了问题首先就要找你们风控部门。

有这么一座大山压在头上，风控部门的人干起活来难免战战兢兢，来了项目需要审查，第一反应就是“不行”。

其实投资前的风险控制，是从拿到项目的线索开始，贯穿整个前期程序的，但凡参与其中的部门，按照各自的专业分工都有责任，不是只有风控要研究风险，其他部门只管往前冲。各部门要站在自己的专业视角上与风控部门配合，不能把风控部门孤立出来。

2. 风险只能防范不能消灭

再者就是对风险的认识有误区，进而对风控部门的责任定义得不清楚，把风控当成了风险“粉碎机”。

风险是概率事件，也是过程事件，不是几页纸的审查报告甚至几十页的合同就能够都约定清楚的，一个会处理问题的一线负责人，可以把一个不那么完善的项目执行好，不让风险事件发生。一个没有经验的大学毕业生去做一线负责人，再好的项目也难免会失败。

所以风控的审查责任不是要消灭风险，更不是保证风险不发生，而是一方面要尽量减少不必要的漏洞，降低前期工作不到位引发风险的概率；另一方面把风险识别出来，提示相关的部门提前做好预案，建立针对性的措施。

如果把风控的目标定义得过高，自然容易让人失望，做风控的人也难免越位行权，引发其他部门的怨言。

同样，一个公司有常规业务，也有以战略转型为目的而尝试的非常规业务。常规业务选择多，经验也多，风控可以把控严格一点。而为了战略探索目的的非常规业务，要是按照常规项目的标准来控制，那就什么也做不了了，风险的尺度本身也需要适时的调整。

这些常见的问题，皆是一个企业给风控的定位和风险控制原则不当所造成的。

3. 风控是个综合专业

事情终归要靠人来做，在这方面，也经常可以看到风控部门的专业配置本身存在的问题。

绝大多数的企业都会选择法律专业背景的人进入风控部门，这表面上看起来没什么问题，毕竟不管什么项目，投资工作都要落在合同上，风控从法律角度进行最终审查是很有必要的。

其他的如财务、市场可行性、技术等专业，自然有其他部门把关，在风控部门再配置这些专业的人，有冗余重复之嫌。

但是这么做的弊病也很明显，法律专业背景的人通常没上过项目一线，专业上的缺陷和视野局限，导致以法务为主要视角的风控难以提出真正的改进解，容易在一些细节问题上反复纠结，或是容易一切从自己公司角度出发，把风险都留给合作方，反而阻碍了项目的推进。

这样的风控部门只能叫合同审查部，不能叫风控部，这样的配置之下，真正的风控职责实际上需要多专业构成的投资决策委员会来实施。

不管是内因还是外因，简而言之，风控不好干，风控又必不可少。

什么样的风控部门能真正帮助企业把好关又做成事儿？

一是对风险和风控有正确的认识，在识别风险的同时，帮助企业从全面经营的角度找到化解风险的方式，而不是在文字上消灭风险。

二是有多专业整合的能力，单纯的法律视角不适合做风控，多专业整合才能把公司投资决策的“阴性”一面补足，真正做到“阴阳平衡”。

风险识别是人的认知，风险化解也要靠人的行动，所以做好风控，需要自上而下都要有能够正确认识风控作用的人，也需要真正在风控岗位上站对位置的人。

项目的评估价值一半是科学，一半是“任性”

投资评估是科学的任性。

——投资经理心得

项目投资评估是每一个从事基建领域投资的人必须学习和掌握的基本技能，在教科书上，估值方法总是显得那么严谨，然而现实中真是那么回事儿吗？

十年以前，B市政府拿出了一批污水处理厂项目，公开招标选择BOT投资方，我作为投资顾问给一家基础设施投资企业A公司提供投标评估服务，帮助他们评估几个污水处理厂的投标报价。

最终结果还是不错的，大型国企A公司拿下了其中的两个项目，算是当时的赢家之一了。

这两个厂子规模都不算大，投资加起来大概一亿元。几年之后，两个厂子都顺利建成运营了，又恰逢当时这家A公司的母公司重组，集团领导要求提高现金周转速度支持工程主业，并认为既然这两个厂子的工程利润已经赚到了，就不必再运营二十年慢慢回收了，不如把这两个厂子出售，回笼资金用于新的项目。

于是，在市领导的撮合下，另外一家专门从事污水厂投资建设运营的大型国企C公司与A公司接上了头，有意向收购这两个污水厂。

C公司当年也参与竞标这几个污水厂，拿到了另外一个项目，在A公司中标的这两个项目上，都是稍显劣势未能成功，这次收购也算是圆了以前的心愿。

A公司在转让这个问题上，也不贪心，既然刚刚建好开始运营，那么只要按照工程原价把项目出售即可。

于是转让意向就算达成了。只是C公司表示，公司管理严格，上亿元的投资不是小钱，必须要经过专业的评估程序。

随后C公司的投资团队和顾问公司开始到A公司的项目上做尽职调查。

一个月后，项目估值报告由C公司的投资团队递交给了A公司。A公司领导一看收益法评估的结果，这两个项目价值只有5000万元多一点。

双方召开了紧急会议商讨此事。A公司的“一把手”是做工程出身的，他表示："我干了一辈子工程，这两个厂子是我看着建起来的，结果刚建好你们跟我说贬值了一半，如何解释？"

C公司的投资团队也不着急，表示："工程部分都认真看过了，质量十分好，造价也不虚高。不过，收购这两个项目不是要买工程，当然是用收益法来评估的，也就是按照项目的BOT合同，把未来项目运营期的收益折现回来，估值就只有5000多万元"。

接着，C公司投资经理拿出了财务顾问团队草拟的一份详细的项目评估报告，对A公司领导说："我们都要尊重客观事实和科学的评估方法，可以在这份评估报告的基础上进行研究探讨，看有什么需要改进的没有。"

A公司领导们表示需要研究一下，关于收购报价的第一次会议就结束了。

A公司"一把手"晚上打来电话，让我赶紧研究一下，他说："当年你是我们的投标财务顾问，这个项目的财务评估你最清楚了，赶快研究一下C公司的评估报告，看怎么驳回，我现在不只是谈转让价格的问题了，现在集团领导都知道了，我还得去跟集团领导解释，为什么项目建完就贬值一半。"

一周之后，双方的第二次会议召开了。

这次C公司的高层也到场了，C公司的投资总监表示："为了更好地互相沟通，这次先由他们的财务顾问把评估报告向A公司的领导们正式的汇报一下，双方再就不清楚的问题进行深入探讨。"

其实原因也很简单，C公司报告里面的各项参数与A公司项目的实际运行情况差距不大，唯一让A公司难以接受的就是折现率而已，C公司取的折现率是15%。

A公司投资部门询问为什么C公司要把折现率设置得这么高。C公司的投资经理表示："C公司是上市公司，因此投资回报要求必须要考虑资本市场的期望，在折现率计算上是采用严格的计算方法和客观翔实的数据而得出的结论，无风险收益率和资本市场的风险溢价的计算步骤及数据是公开可查的，里面没有任何主观加价的因素，经得起验证。"

A公司"一把手"听完了，让我来分析回应一下C公司的说法，他的意思是专业问题还是让专业公司来解决。

我听完C公司的解释觉得有点无语，把评估报告放在一边，对C公司的会议代表说："今天我们不需要进行学术探讨，抛开这些复杂的方法，我只问两个问题。

第一个问题是，我记得很清楚，两年前，C公司也参加了这两个项目的竞标，并且政府现场唱标的时候，C公司报价与A公司报价十分接近，差距不到1%，为了拿到这个标志性的项目，我们测算时把期望收益率压低到了5%，别告诉我你们当时投标用的期望收益率是15%，如果当时给你一个机会加价1%，你是否愿意出与我们一样的报价拿下这个项目？

第二个问题是，B市的项目对于我们这个圈子里的投资企业而言，都是'镇宅之宝'，如今我们这个领域里的投资企业比两年以前可是只多不少，竞争比以前激烈多了，你们经常投标应该清楚这一点，现在如果我们两家不是因为领导之间先达成了合作意向在这里谈，A公司直接公开转让B市这两个项目，你们用高于5%的折现率去评估，你们觉得能拿到这两个项目吗？"

A公司"一把手"这个工程出身的非专业人士这回也弄懂了，难免有点小小的恼火，对C公司的人说："看在双方兄弟公司的分儿上，我们要价并不高，只是原价转让而已，你们还是有点诚意吧。"

C公司的投资总监沉默了一会儿说："好吧，既然大家说到这么透彻的分儿上了，方法什么的不用谈了，我回去上报一下投委会吧。"

于是第二次会议的谈判环节，只花了不到十分钟就结束了。

之后双方又谈了几次，不过再也没谈过估值方法问题，无非是C公司表示我们投资项目的时候一般也会考虑一部分工程和设备供应的利润空间，现在你们项目建完了，这部分利润一点都没了，价格上是不是可以再让一点。

A公司则表示资产账面价值在那儿摆着，又没有虚增，折让给你的话，就要记亏损，不好跟集团交代。

总之，之后谈得都是这类小问题。

世上没有不透风的墙。双方就这样谈着拖拖拉拉了两个月，突然"杀出来一匹黑马"，另一家D公司听说了这个消息，找上门来，表示不怕回报水平低，要加价收购，并出一亿两千万元。粗略一算，D公司要的收益率水平只有3%而已。

原来D公司正在筹备上市，既要做大资产规模，又想拿点标志性的项目，A公司打算转让的这两个项目真是太对胃口了。

至于结果，项目最终还是被D公司加价收入囊中了。

回到本文最初提到的问题，这么看起来，项目的估值是不是好像与科学方法什么的没什么关系，老板的"任性"比科学方法的威力大多了。

这也算是投资工作的魅力所在吧，在不同的人眼里，项目的价值差得可不是一星半点。其实，从事投资评估的专业投资经理们也不必觉得沮丧，老板们的决策虽然经常有点任性，但是这种任性首先建立在科学的评估基础上，之后才有胆量抛弃评估报告，所以，投资经理们有责任科学，老板们有权利“任性”，我们姑且把投资评估当作“科学的任性”吧。

第十一章
投资理念

所有的项目都是“鸡肋”

真的猛士，敢于直面找不到好项目的惨淡。

——投资经理心得

基建领域的投资者们在看项目的时候，常常会把心中的期望附加其上。

最近几年，基建领域的政策越出越多，以PPP为模式的城市建设项目很快形成了比较大的规模，很多企业把它看作是一个新的投资市场。

其实回头想想，把“这顶帽子”扣在PPP上，有点小题大做。PPP不过是城市建设项目的落地模式之一，而城市建设领域是典型的“红海市场”，并且在向愈演愈烈的方向发展。

“红海领域”的基本特征就是，规则十分透明，差异化不明显，因而竞争惨烈。

太理想化和太感性的人，是不适合在“红海里游泳”的。

1

A君在帮老板收购项目，他特别看好市政公用行业。他说：“你有没有觉得现在的自来水费、污水处理费、垃圾处理费等价格都很低，如果以后价格能够适度放开，只要涨一点，这些项目的收益率就会有很大提升。”

我说：“你的逻辑听起来是正确的，但我怎么觉得这种论调在券商的推介报告里看过，不过我是不信的。”

城市建设领域的项目，无论是自来水、污水处理、垃圾处理，还是教育、医疗、公共交通等，但凡向用户收费的，定价都不是市场化的，而必须在政府的管控之下，企业并没有自主定价的权利。

而我们的政策导向是，公共服务领域的价格，必须以普通百姓能够较为轻松地负担为准。所以这些领域的价格，大多数与成本（包含投资成本）之间是倒挂的。

由此而产生的结果就是，所有领域的项目都需要政府的补贴，或者经过财政统收统支的方式来结算，也就是说所有财政与企业结算的价格都是影子价格，所以涨价带来的收益，企业是享受不到的。

2

B君所在的公司最近十分看好停车场领域，在不断地找项目。他说："我们去考察了国外的停车管理企业，我告诉你，曼哈顿的停车位，论单价比房子还值钱。你说还有什么资产能像停车场项目这么有前景?"

我说："没这回事儿。"

城市建设领域的项目，发起方都是政府，项目是无法脱离固定资产投资程序的，资产的所有权多半会保留在地方政府名下，企业只有特许经营权。即使企业拥有了项目的资产所有权，也多半不允许随意转让，加上价格的锁定，资产的增值效应也是不存在的。

3

"怎么才能与政府的咨询公司讲明白，我们投这么大的园区项目，带来的增值也大啊？增值部分就算不全都归我们，起码也能与政府对半分吧，难道不管我们投多大的项目，都只能比银行贷款高两个点吗?"C君有点郁闷。

"我信你，可别人不信你啊，这就没办法了，慢慢谈吧。"我安慰C君。

城建领域的项目基本上都需要财政补贴，财政花钱的原则是节约成本，也就是我们现在政策所强调的较为狭义的物有所值，至于企业能够采取什么方式创造额外的价值，那是不容易说明白的，索性就没多少人关注了。

这样的导向，产生的结果就是，一切必须非常地透明简单，让不怎么专业的人也能弄得很清楚，所以项目只能拆解，不能组合。

而另外一个结果就是，不允许超额利润的产生，万一项目的收入超出了预期，"大头"还是要由政府来分享，所以意外的利润是不存在的。

4

D君是做基金的，今年做成了好几单"夹层"投资的项目。本来正做得顺风顺水，可最近政策风向一变，不许给企业做资本金融资了，D君的大客户们正是政策整治的对象，于是D君决定"提前过年了"。

从投资角度来说，城市建设项目唯一剩下的优点恐怕就是稳定了。

为什么说它是优点呢？因为稳定的项目不容易崩溃，因此最适合加杠杆，通过减少投入来提高利润率，用有限的自有资本来控制更多的项目。

不过在全社会都在降杠杆的大环境下，这条路也被堵死了。

5

E君是一家投资企业的投资部老总。年关将近，不少投资企业或开始总结一年的投资工作，或准备冲刺争取在年底之前再确定几个项目，以便给年终总结多增添一点色彩。他们也不例外。

几天前，我参加E君企业的年度投资会议，参会的是该企业总部的高管们和各地方子公司的投资老总。互动交流环节，E君问我："如何找到好项目？我们在江浙这些发达地区看过很多项目，这些地方的财政实力比较强，对政府的支付能力我们较有信心，但是竞争太激烈了，而且政府给的投资回报水平也很低，经过激烈竞争后拿到的项目利润太薄了，甚至可能要亏本。

去西北地区看项目，政府倒是愿意与我们谈条件，给出的投资回报水平也高一些，可对政府的支付能力我们又不太放心。所以一年下来，虽然看了很多项目，却总觉得找不到好项目。"

听完这个问题我忍不住笑了。

这个问题不是问给我的，是说给老板听的。

"好项目的定义是什么？是不是能够带来后续工程，政府的支付能力较强，项目周期不太长，政府给出的投资回报水平又不太低？"我问E君。

E君说："是啊，不对吗？"

我说："对，那我再问一个问题，你的同行对手们对好项目的定义是不是也这样？"

听完这问题E君自己也笑了。

这位投资部老总的问题我们经常遇到。看项目的人常感到郁闷的就是，放眼望去，找不到一个好项目。

这才是市场的常态。

在一个公开竞争的市场上，所有的项目都是"鸡肋"，这就是"红海市场"的特征。

E君不服。"凭什么呢？"我问他。

所以，用粗略的框架来分析，城市建设领域是没有能够简单获得超额利润的，而剩下的隐藏利润，就对项目的设计和企业的要求非常高了。

至于这些利润在哪里，就不赘述了。一来真的都说明白了，这个领域也就变得彻底索然无味了；二来这是少数企业的专利，我也没有本事都说明白。

说来说去，总而言之，过去在城市建设领域有过赚大钱的机会，赚大钱靠的是模式，但是这样的年代早已经过去了。如今的政策环境之下，这里的项目仍然是海量的，只不过变成了海量的"鸡肋"，认清楚这个现实，心态也能放平一些，打赢"鸡肋"战，也就是城建领域绝大多数企业要面对的命运。

什么企业能够找到好项目？

一种是不在公开市场上抢项目的。

一种是在公开市场上谁也抢不赢的。

独一无二的手艺是什么？把“鸡肋”吃得津津有味的本事又是什么？这些都是内功。项目还是那些项目，认清了所有项目都是“鸡肋”的现实，就不会再感到憋屈了。

练好内功，才有挑项目的资格。

城建领域的“红海”，还是政策制造出来的“红海”，政策终归是为了更大的目标服务的。

所以，要指望哪天政策为之一变，突然创造出一个“蓝海”来，恐怕是一个太过理想化的奢望。

好在不管是城市建设也好，PPP 也罢，决策者们，面对政策的变化，并没有几个出来抱怨的。

钱不是问题，“钱途”才是问题

用投融资规划建立城市发展的信用，以信为本，本立而道生。

——投资经理心得

“钱不是问题”。

说这句话的人散发着一种无所不能的气场，我们全力抬头仰视，相信世界都是他们的。

“问题是没钱”。

也许，在某个无人的角落，他们也会孤独地和自己说这么一句话，此刻本以为坚强，但双眼泪光闪动。

钱不是问题，问题是现在没钱。

但是我们始终坚信一个道理，只要事情有价值，钱自然会来。

1. 钱不是问题，问题是没钱

我在研究城市开发的投资问题时，总是与企业的老总们在一起，他们的经验和眼光经常会给我很多启示，其中Z主任给我的启示，最难以忘怀。

Z主任是从市里的建设局“一把手”调任到新区当管委会主任的。

新区坐落在一个三线城市的海边上，离市区有二十多公里。二十多公里在北京可能根本不是个事儿，可在这座三线城市里，就意味着市里的人们多半一辈子都不会想到去这片偏远之地。

对Z主任来说，虽然级别上去了，但是一张白纸画蓝图，难度着实不小。

市长给Z主任的说法就是：“钱不是你操心的事情，放心干好了”。市里出钱帮你修条路过去，三年里每年再给你挤拨两亿元，其他的政策、审批权限要什么给什么，赶紧放手去干吧。

可相对于几十平方公里的建设任务，几百亿元的投资需求，这点钱实在是杯水车薪，偏偏市里的建设要求还非常的高，要求Z主任把新区打造成该市新的发展制高点。

“好，钱不是问题，保证完成任务”。不知道Z主任在上任之前向市长保证的时候，心里是不是在默默地说，“问题是没钱”。

没有钱，有两种办法解决：一是借钱；二是找人投资。

由于之前帮Z主任操作过几个项目的融资工作，所以，我跟Z主任还是比较熟的。也因此，Z主任在到新区上任之后，便邀我推荐一些投资企业过来。

每次带着投资企业来到新区，站在茫茫大海边上，我都感觉投资企业的老板们“嘴角有点抽抽，仿佛在嘟囔，这么荒啊。”

信托和银行的负责人与Z主任说，钱不是问题，借钱给你行，让市里担保即可。

可市财政部门负责人的意思是，市里面自己还有很多债务。

开发商表示：“钱不是问题，我可以先拿点地，不过价格不能高，你这儿这么荒凉，还不知道什么时候能建起来呢，30万元一亩不能再多了”。Z主任心想，30万元一亩还不够成本呢。

我和Z主任一起总结了一遍，得出结论：钱不是问题，“钱途”才是问题。只有让企业看到“钱途”了，钱才会来。

2. “钱途”在何方？

把有限的钱用在刀刃上，这个道理谁都懂，那刀刃是什么呢？

我们不妨换个思维，站在企业的角度上看问题，如果政府花的钱，能够为企业的进入创造条件，那这就是刀刃。

在一穷二白的新区投资是一个彻彻底底的风险投资，政府的投入就好像是“天使投资”，没人信的时候只有管委会自己信。

之后，我和Z主任又重新研究了一遍新区的现状和规划，发现新区有着很多别的新区不具备的优势。

比如填海造地形成的土地，成本相对较低，本身还不受用地指标的限制，可以很快储备大量的土地资源。

又比如新区的自然环境非常好，稍进行一些配套投入，滨海的地块前期也能有比较好的出让价格等。

所以新区很快有了“第一桶金”。

我们再一起规划和包装好项目，把钱投到能提升新区人气和商机的综合旅游、产业配套及景观绿化等项目上。

加上市政府政策支持和媒体引导，很快，市场对新区发展有了认知和信心的提升。

这时，终于有投资人愿意出资帮助管委会大规模建设基础设施，完善城市配套了。

因为旁边既有高端项目又有人气设施，市里不少企业都等着往这儿搬呢，谁都能看到新区变新城的前景，谁都能把账算平了。

当然，这个过程说起来容易，做起来却是一波三折，需要精打细算。

如今看起来，虽然有点“野路子”的味道，但是却实实在在更新了我对好项目的认识。

“资源变资产，资产变资本”，这是很多新区建设时领导们提出的口号，用来鼓舞需要“空手套白狼”的管委会主任们。但这个口号真正要落地，需要从头开始就面向市场的诉求做规划和项目包装。

3. 好项目需要好规划

政府手里的资源，实际上就是好项目。钱不是问题，因为有好项目。

什么是好项目？

企业愿意投的项目才是好项目，政府自己说的是不算的。

但是换个角度，政府手里的资源也是有限的，若都做成了企业眼里的好项目，政府建城市的目标就实现不了了。

我见过太多一上来就把很大规模的土地低价让渡给企业，结果政府财力无以为继的新区。

这中间的平衡就是规划要干好的事儿，政府的投融资怎么规划，也是要有讲究的。

与Z主任摸爬滚打了好几年，我明白了一个道理：有了正确的思路和科学的路径，即使项目再烂，也有变宝贝的机会。

某日，Z主任看着新区，十分感慨：“给我们一个城市，我们就能创造一个奇迹”。

我经常会自问：“如果一切重新来过，我们会不会做得更好？当城市已经桑田沧海，我们是否还有勇气去爱？”

领导着急了

心急吃不了热豆腐，事急必不是好项目。

——投资经理心得

做城市建设项目的投资，不与政府领导打交道是不可能的。而作为企业的投资顾问，我也经常要陪着企业的老总们去见地方政府主管项目的“一把手”们。

我试图从中找出一点规律，“一把手”们都最关心什么。

总结下来，我发现一个很有意思的现象：领导们最爱说的一句话，就是我很着急。领导们最爱提的一个要求，就是要快。

“天下武功无坚不摧，唯快不破”，这本是形容小李飞刀身手了得的，后来被互联网圈子里的人拿来自贴标签，意思是如果你不够快，就只有被吃掉的份儿。

可是城市建设项目与一刀完活儿的小李飞刀差别有点大，与互联网好像也不怎么搭界，领导们是怎么具备互联网思维的呢？这是我常思考的一个问题。

1

E 总是一家城建企业的老总，我与他一起去见管委会主任，谈一条高速公路的联络线投资事宜，中间还有一座立交桥。

建设局局长说：“欢迎你们来投资，不过要快，市长很着急，市长说了，下个月就要开工。”

我和 E 总面面相觑。我说：“这不可能啊，就算咱们现在开始走招标程序，企业最快也要一个月以后才能中标，中标了还要办审批手续，还要组建公司，还要准备进场，下个月怎么来得及呢？”

局长说：“你们先进场干着，先开工，手续后补。”

E 总说：“这不合适吧，合同都没有，程序都没走，我们能开的了工吗？”

局长说：“没事儿，我们都是这么干的，‘先上车，后买票’，遇到问题再说。”

我回去想了很久，这大概叫做“小车不倒只管推”吧，领导们有时习惯把自己干事儿的逻辑套到企业头上。

2

F总是一家房地产企业的地区老总，正在与管委会谈一个小镇的开发，管委会主任考察一圈，对F总所在的公司实力还是挺满意的，于是双方坐在一起研究如何推进合作的工作。

管委会主任说："你们排排计划，目标是两个月以后签约，三个月以后开工。"

F总被这个目标震了一下，不过不好驳领导的面子，跟我说："那你按照这个计划排一排，看看什么时间拿出方案来，我们好与管委会谈，后面双方还要有上会决策程序。"

我说："预计定方案就需要两个月时间。"

管委会主任说："哪儿需要那么长时间，你们不是有经验吗？一周行不行？"

F总也问："是啊，行不行？"

我说行啊："一周，我一边说一遍念叨，嗯，投四十亿元，一周做出方案来，不错，不错啊……"

F总憋着没把嘴里的茶吐出来，回过头去跟主任说："主任，咱缓缓，毕竟投资这么大，还得好好研究研究。"

主任说："你们不要总是把事情复杂化，两页纸就够了，写上你们要多少回报，合适就干，不合适就不干嘛。"

我回去想了很久，原来是把企业当银行用了，可是银行贷款也要有评估程序啊……

3

一味批评政府追求速度，也有点不厚道，想想自己，不也是一个喜欢快的人，快点把顾问合同签了，快点干完，快点把钱收了，快点接着干下一个……

整个社会发展得都快，每个人都在着急。

房价涨得太快，不赶紧挣钱就赶不上房子涨价的速度。

风向变得太快，脑子里记得的风口还没吹到我这呢，下一个又来了，物联网，智慧城市，综合管廊，海绵城市，大数据，3D打印，特色小镇，人工智能……一个概念还没变成现实就已经被湮灭在概念潮中了。

领导着急，不走程序，要下个月开工的项目，过半年再去看看，要么还在继续着急开工呢，要么已经停工整改了。

着急的时代，找到一个不着急的项目也是一件不那么容易的事儿。

4

早上不到八点半，一位园区管委会书记带着各部门的七八位负责人来到了我们公司，登门交流，他们坐的是最早班的飞机，七点多就已经在北京降落了。

书记的目的很简单，想与我们交流一下他们目前在做的一个园区项目到底该怎么开发，并探讨一下能否帮他们引入一家投资企业。

一番寒暄过后，转入正题。

书记介绍了一番园区的情况，请我谈谈看法。这个园区的资料我早先已经看过了，因为觉得这个项目本就很不容易做好，所以我也就没什么心理负担，平常心待之吧。我把各地方成功园区建设的逻辑、经验、心得大讲一通，并规劝书记不要大搞投资。

没想到书记听后皱了皱眉头，似乎“很不感冒”的样子。

书记开口了：“我很着急。”

旁边的园区各部门领导们也在说：“我们的园区建设必须要加快，不能总放着，我们关心的是怎么能融到资！”

我心里一沉，完了，又来了。我在心里已经默默把这个项目“枪毙”了。

一时间气氛有些凝重，会议桌前，双方都感到话题有些进行不下去了。这时同事小程泡好了茶，把茶送到了会议桌上，我端起茶杯，抿了一口，茶香让我稍微平静了一些。罢了，谈不成合作不妨碍交个朋友，咱就接着聊聊，就当做公益活动了。

我问书记：“您着急，是因为什么呢？”

书记接着说：“其实有不少企业追着我们要帮我们修条路、建个楼，但他们都是站在企业自己的角度考虑的，做完项目让政府慢慢还钱就行了，没有人帮我们站在整体角度考虑问题。而我们又在投融资方面不专业。

现在园区这么大规模，这么多事情需要做，我们的财政实力其实是很弱的，给不了园区什么支持，那么先干什么、后干什么，怎么干、怎么与企业和金融机构合作才能够不给政府增加负担，规避风险，我们需要有个统筹，包括我们的平台公司，它到底承担什么角色。我们的部门不够专业，我们需要更专业的指导。

你是不是以为我是那种上来就要做工程的？其实我们现在想开工马上就可以开工，很多企业和银行都追着我们，我们这个地区虽然落后，但是过去并没有做过太多的 PPP 项目，额度也还有不少，政府债务也不多，所以不是没人与我们合作。

但是要做好，需要先有个整体的思路，统筹好各块工作。要不然你干你的我干我的，最后算不清账，一定会出问题，这是我着急的原因。建设任务和企业都在后面追着，可统筹思路迟迟未定，你说我能不着急吗?”

我越听眼前越亮，好嘛，原来我完全弄反了。

我对书记说：“原来您是想先针对开发工作进行一下顶层设计啊，您这么说我就有信心了。不怕地方不发达，就怕胡搞蛮干。”

我向书记道了个歉，为自己先入为主的偏见道歉，科学开发，统筹设计，本来是我们最推崇的，结果最近同类项目看多了，个个都是大干快上型的，心里有了成见，真的有愿意科学统筹的项目来到面前时，反而加错标签了，并表示我们这边一定会安排团队去现场认真考察研究这个项目。

这个着急，在当下都想先干着的大环境之下，挺不容易的。此着急非比着急啊，我给项目“加了几分”。

原来我也着急下结论。

5

送走园区的一行领导，回到办公室里，我回想刚才聊天的过程。

作为企业的投资顾问，这些年我不知看过了多少项目。看项目是每一个投资企业日常的工作，企业的市场部门、投资部门做的就是这样的工作，真正要决策的时候，公司“一把手”也要亲自上阵看项目。

有时开玩笑，说读万卷书不如算万个数，算万个数不如看项目无数。可是，看项目和做项目都不是一蹴而就的事情，都是需要沉下心、稳住性子耐心钻研，最后用科学的方法去实施，才能实现快速高效同时避免不必要的后顾之忧。在这个过程中，是不是我们也会因为急于求成或是先入为主的观念，而错失过一些好项目呢?

周伯通在教授郭靖七十二路空明拳这么高妙的武功时，借了老子《道德经》里的一段话：埏埴以为器，当其无，有器之用。凿户牖以为室，当其无，有室之用。意思就是，空碗才能盛饭，空屋才能住人。

看项目用的不只是眼，更是用心，在看项目之前，不妨让我们先把心放空一下，用心去看一个真实的世界，一个慢镜头的世界。

PPP 项目融资如相亲，不能只给照片不见人

投资本质上是对自我的认可，既要相信常识，也要眼见为实。

——投资经理心得

每个人都有自己独有的资源禀赋，了解你擅长什么，才能把更多资源匹配到自己擅长的事情上。

D 哥是我的好朋友，投行圈的“高级白领”，是大家眼里“高大上”的投资专家。最近，D 哥的业务遇到了个大难题。

一天，D 哥拿着一张项目列表找到我，风风火火地，还没进门就说：“你看啊，我手头现在有这么多项目，个个都是好项目，加起来能有好几百亿元，我去找银行老朋友，他们为什么都对此不感兴趣？你是专业做 PPP 项目咨询的，说说到底怎么回事！”

细问之下得知，原来 D 哥在西北地区的一个三四线城市发行了一个 PPP 基金，设计了基金组建方案和非常复杂的投资结构，同时，还列了一张项目的清单，包括机场高速、生态治理、物流枢纽等，都是些精挑细选的好项目，投资规模有好几百亿元，金融机构非常可靠，政府关系也十分到位。

D 哥信心满满地去找融资。结果找了一大圈，不是婉拒就是没回信。

D 哥困惑不已，这明摆着是个赚钱的大好机会，怎么就融不下来资？问题究竟出在哪里？且听我们细细分析。

1. 相亲不能光看照片

组建基金首先需要募投项目，好项目才能受到金融机构的青睐，什么样的项目才是好项目？

我们不妨先把 D 哥拿到的项目做个梳理，项目总投资加起来三百多亿元，这些项目包含了几大类：

一是市政道路、生态环境和绿化项目，这些项目没有收益来源；

二是高速公路、污水处理，这些项目有一定的使用者付费来源；

三是物流园区、体育产业园、特色小镇这些综合开发项目，主要依靠综合收

益来平衡。

仔细一看，这些项目的投资规模、出资比例、收益来源和回报机制也都做了设计，看起来一个个光鲜亮丽，在D哥眼里，项目已经很不错了。可PPP项目的融资落地却不是光看几个数据这么简单，需要考虑的因素还有很多，比如项目前期工作的落实情况、社会资本方的实力、项目投资收益水平和可接受融资成本、项目的运营管理措施等。如果这些工作都没有做扎实，项目基本到了金融机构的投审环节就过不去了。

我告诉他："PPP项目是政企合作，要有专业的社会资本方，你现在拿到的是个项目包，需要对项目进行梳理分类，引入合适的社会资本方。

同时，你还需要优化基金的交易结构，明确是投给政府还是投给社会资本方，如何保障收益和基金的退出机制等。

另外，政府投资项目在融资前期，项目的立项、土地、规划以及相应的物有所值、财政承受能力评估和实施方案都需要有，同时还要有和投资人之间的特许协议，目前这些项目的前期工作都不具备。"

这就如同一个姑娘去相亲，介绍人给了她一堆照片，说："你看，个个都是'高富帅'好资源，你挑一个吧。"姑娘却一脸茫然："光看照片有什么用？他们学历如何，人品怎么样，做什么工作，这些基础的资料都没有，怎么会有进一步接触的意愿。至少得彼此见面，互相聊聊，才能决定愿不愿意深入交往吧？"

所以，PPP项目到了融资环节，当然是谁的前期工作更成熟，项目就交给谁，金融机构缺的不是项目，而是真正能够说清楚的好项目。

2. 规模还需量体裁衣

接下来的第二个问题就是融资规模到底是多大？

从本质上讲，基金也是通道业务的一种，资金来源包含了机构投资人、社会资本和项目相关各方，加上基金管理费，成本相对较高，这就衍生出很多关键问题：基金发行的规模到底多大合适，主要用途是哪些。

按照募投项目确定规模是一种方式，但是像D哥所说的一个西北地区四线城市，几百亿元的项目，怎么来说基金规模也得百亿元，但是现实情况却没那么简单。

换个角度看，通常来说，有钱的地区不一定急着做PPP，没钱的地区一般会着急上马很多的项目。

D哥作为一个圈外人士，入行其实是在PPP的高峰期，很多区域都已经做了不少项目。如今再拿出三四百亿元投资额的项目，这些区域的人口、财政、产业发展能否支撑这么大规模的项目就成了一个问题。这里少不了对一个区域投资环境的评估。

再者，这些区域目前已经实施的项目大概占了财政支出额的比重到底是多少，未来还可以支撑一个多大的体量。最后，我们还得考虑这些区域都有哪些投资人来投资了，这些项目的投资回报率水平、投资周期都是什么样。

PPP 项目虽说融资规模大，但是需要综合考虑到城市的投资环境、发展潜力和项目情况，才能对融资的规模做到量体裁衣，才能知道到底可以承受多高的融资成本，承担多少融资风险，“想一口吃个胖子，反倒容易因噎废食。”

3. 一份也不能少

第三个问题就是基金的结构问题。

一个 PPP 项目的成功需要具备很强的资源整合能力，资源进来了，利益的博弈和结构的设计非常重要，各方利益都要考虑进去，不能只想着自己。

这个问题可以这么来展开。

在设计项目公司的时候，基金是代表政府的那份，还是和社会资本组成联合体一同参与？各自的出资比例是多少？算上基金的投资收益要求和项目的融资成本，项目的投资收益水平是否能够覆盖？

再者，基金的 LP（有限合伙人）到底是怎么构成的？在 D 哥做基金的时候，融资环境相对轻松一些，只要项目靠谱，回报水平能保证，很容易募集，而现在融资环境收紧了，金融机构的资金很难再通过基金的方式进入，那是不是要考虑其他类型的机构投资者进来？这中间的信用环节如何实现？

最后，钱是进来了，退出机制如何设计？有实力的投资人，可以自己购买一部分份额，参与项目全周期的投资建设运营，这当然是一种理想的状态。但是很多基金做的还是项目的财务投资人，这里面存在着项目周期和基金存续期的错配问题，在这种情况下，如何考虑基金的退出？

所以说，PPP 叫政企合作，换句话说就是多方共赢，既要整合资源，专业的人做专业的事情，还要一份也不能少，这样融资才有落地的可能性。

对面坐着的是个正常人

谈判桌上没有傻瓜。

——投资经理心得

城市开发项目，说复杂可以很复杂，说不复杂也有简化理解的方法，不过它有一个共性，就是项目都很大，大项目就没那么容易决策，双方或者是好几方，总要坐下来一起谈一谈，否则不那么容易决策。

M 总是一家很大的城开投资公司的老总，上任一年多了，开拓了不少渠道，已经有好几个大项目正在进行比较正式的谈判了，不过 M 总最近有点郁闷，就是这些项目迟迟推进不下去，谈不出成果来。

所以 M 总有点坐不住了，自己顾不过来，便让我陪着几个项目的投资总监们一起去参与谈判的过程。

第一个项目是兄弟单位揽来的，兄弟单位实力有限，对投资也不专业，就想干点工程活，所以想让 M 总所在的公司出钱投资，分他们一些活干。

拿到项目资料，A 负责人就拟了一个方案，工程 10 亿元，分兄弟单位 3 亿元，至于利润水平，看看市场上的竞标是什么水平就给兄弟单位什么水平，方案先抛出去，让兄弟单位提条件。

结果方案抛出去迟迟不见动静，兄弟单位的对接人总是说还在与政府沟通，晚点再联系。

几个月过去了，消息突然传来，兄弟单位换“一把手”了，目前正在与另外一家公司一起与政府谈。

A 负责人急了，赶紧把兄弟单位的对接人约出来说：“不是咱们两家先谈的吗？你们突然与别人合作了，我怎么向 M 总交代啊。”

兄弟单位的对接人说：“没办法啊，你们原来这方案一点优惠条件没有，我明白你的意思，你的意思是没有你们投资，我们也揽不着这工程不是，可这话我回公司没法向领导们传达啊，领导们还说没我们的政府关系，就没这项目呢，所以我只能先给你搁着了。现在我们又新换了“一把手”，与你们M总也不熟，就更没人替你们说话了。”

A负责人问我怎么办，我说：“谁让你总把兄弟单位当外人呢。”

第二个项目是与一个园区管委会在谈，招商局牵头，建设局、法制办、财政局等各部门都派了人参加谈判小组。

我与这个项目的B负责人一起坐在谈判桌前见了管委会的谈判组，招商局局长十分热情地说：“你们是大公司，我们信任你们的实力和专业，你们先拿方案吧，我们与很多企业合作过了，只要是行业惯例能接受的，我们就能接受。”

我看了看B负责人拟出的方案，要说条件，无非是工程造价、资金成本、回报水平期望，可是按照行业标准来看，每项条件都普遍高了20%～30%，便问为什么？

这个负责人说：“我拿方案要站在我们公司的角度提条件，优先保护公司的利益，当然先将各项条件都提高30%，另外看还有什么能要的，全都写上，先抛给政府，让政府砍价。”

那管委会什么反应？

招商局局长看了方案，脸色都变了：“这个方案我们研究研究，我们也提一版方案吧，法制办负责草拟。反馈回来的方案，每一项都反着来了，全都在一般标准上降低了30%。”

这回两边谁也不好随便让步，特别是管委会的谈判组，说我们自己提了方案，不能轻易让步。

B负责人郁闷之极，让顾问公司出意见。

第三个项目是与一家政府平台公司在谈合作，平台公司有点土地，但没钱，所以找到M总所在的城开投资公司，想合作把土地开发了赚点钱，顺带把政府交待下来的基础设施建设任务解决了。

负责这个项目的是C，这可是个条件不错的项目。政府平台公司的老总说，这项目主要还要靠你们出钱，你们提个方案吧。

于是C负责人拟了个方案给平台公司，大致意思就是两点，双方合资成立两家公司，一家公司开发土地，由平台公司用土地出资，C所在的城开投资公司用现金出资，城开投资公司要控股并负责操盘，赚了钱双方分；另一家公司负责建设基础设施，双方都用现金出资，平台公司用土地开发赚的钱出资，占大股，城开投资公司占小股，负责工程，最后由政府买单，如果财政资金不够，那么先把城开投资公司出资的部分偿还了，平台公司出资的先欠着。

政府平台公司的老总看了方案直皱眉头，对 C 负责人说："我找你们合作，除了没钱之外，也想借着与你们合资，走走市场化路线，不想只当平台公司了。

你这方案我能想象出来的就是最后土地开发赚的那点钱，又贴回去建基础设施了，最后这两件事儿干完了，不但没赚着钱，土地也没了。"

C 负责人赶紧说："我们是有投资程序的，方案是上了投委会的，您先把方案提给领导们看看，有什么意见下次您这边修改一下方案我们再谈。"

下次会议的谈判桌上，平台公司老总从正中央退到边上去了，政府领导坐到中间，说："土地是我们的优质资产，我们找你们来，首先要把基础设施建设问题解决了，再来谈土地开发的事儿。"

C 负责人有点不知道该怎么继续下去了。

M 总听完了这几个项目情况，沉默了半天。怪谁呢？这几个项目的方案都是上了投委会的，大家一致觉得方案很好，对公司利益有充分的保护，奈何谈判的合作方不上道。

如果你是 M 总，会把 ABC 都给开了吗？

然而并没有，M 总说："把 ABC 开了也没用，除非我把投委会都开了，也不能保证下回不出现问题。"

所以，M 总修改了一下投委会的汇报程序，每个项目负责人汇报方案的时候，必须先陈述一条，项目合作方的利益诉求是什么，我们的方案对此是如何予以考虑的。

项目好与不好，谈的好占了很大的成分。荣邦瑞明的投资顾问团队，在常年提供投资顾问服务的过程中，经常要参与投资企业的决策会议，M 总是我见过的老总中深具智慧和反思能力的一位。

越大的企业，越规范的投资程序，在投资决策的时候必然有越多的不同声音冒出来，当大家找不到共同方向的时候，"充分保护公司的利益"这样的说法，经常成为无可辩驳的"正确"方向。

当保护自己的利益，变成了忽视合作方的利益，抛出个方案先谈着往往就变成没得谈了。

双赢，或者优先站在对方的立场上考虑问题，才是博弈的最优解决方案，这是对人性的挑战，对智慧的考验。

投资很难赚到你不信的那份钱

投资很难赚到你不信的那份钱，知道和相信之间有很大的距离，而真正的认知是相信。

——投资经理心得

一个城市建设领域的投资人，在投资时，往往需要从天时、地利、人和等不同角度进行认知和判断，而且只有在这些成功的要素大部分全对时，才可以做成一个真正的好项目，可谓路漫漫其修远兮。

某日，一位县级市的管委会主任找到我，说："我们新规划了一个一百平方公里的新区，靠近高铁，做了国际一流的城市规划，是城市未来的发展核心，但和投资人接触下来却感觉他们信心不足，投资意愿不强烈，你来想想办法吧。"

仔细交流下来，发现的问题还真不少，比如：这么大规模的新区，到底先开发什么后开发什么，没有一个清晰的开发策略；这个区域大部分都还是基本农田，受到的限制性因素很多；具体项目虽有，但与之相匹配的资源不清晰，投资人缺少可供决策的依据等。

主任说："这个区域长远看肯定没问题，肯定做得起来，但是高规划意味着高投资，目前国家严控地方政府和平台公司融资，很多资产很难变现，我也是陷入了困局"。

投资人反馈则说："在一个县级城市投资，做这么大的新区建设，到底合不合适？有没有必要？能不能做起来？我们的信心还不足，需要有力的决策依据"。

问题显而易见：谁来给合作双方树立投资信心，建立信任？投资很难赚到我们不信的那份钱，从激动到行动，需要漫长的一段路要走。

1. 好投资的首要是选好地点

刚刚接到任务时，我的心情也非常忐忑，总结这么多年的经验下来，区域项目的成功首先是要选好地点，带着这个出发点我对新区开展了调研工作，发现这个区域具备了很多的优势，如下所示。

① 这个县是个人口大县，有一百六七十万的常住人口，有人一切就都好说。

② 经济基础非常好，GDP 和产业基础与一个四线地级市差不多，体量够了。

③ 高铁通车之后，新区位于省会一小时经济圈内，与北京和上海两大经济圈距离相当。

④ 新区的区位优势很好，紧邻老城区，可以借助中心城区的部分公共服务，属于投资撬动型，少量资金撬动，即可进入投资回收期，回报较高。

⑤ 主干路网拉开框架，城市功能很快能形成互补，从而带动老城区人口和产业的疏散，能够达到增量开发带动存量改造的目的。

⑥ 有山、有水、有湖，呈犄角之势，形成了区域旅游资源的全覆盖。

在梳理好这些问题之后，我打消了自己的疑虑，这个区域看似千头万绪难以理清，但是区域优势明显。

既然区域这么好，为什么政企之间的沟通却不能形成一致的认知呢？我们分析一个区域，只从企业的角度去描述，政府看不懂，只用政府的语言去描述企业看不懂。要想让双方都看得懂，互相传达有效信息，取得在项目上的互相信任，就要用一种能够沟通双方的语言和角度去描述。

于是，我们的项目团队对新区进行了一个静态的投入产出分析，首先评估了这个区域要实现规划蓝图所要进行的征地拆迁、市政基础设施、公共服务设施和产业配套设施的总投入，同时，对新区土地出让收入、产业税收和其他可经营性收入进行了预测，发现可以完全覆盖前期总投入，实现新区的自平衡，具有投资的可行性和良好的发展预期。

基于这样的总体判断，政府邀请专家和投资人对新区进行了多次的调研和论证，效果颇佳，既统一了政府对新区开发的决心，又树立了投资人对新区投资的信心，政企之间终于能够坐下来谋划新区的未来发展了。

2. 好投资的关键是选准项目

新区的整体开发不是一蹴而就的事情，粗略算下来，怎么也得将几百亿元的资金投下去，在前期资金不足的情况下，必然需要社会资金的充分介入，而社会资金介入的前提是要有说得清晰的好项目

这就好比说，要想实现战争的全面胜利，就必须先集中优势兵力攻打重要目标。因此，在大规模区域开发中，起步阶段的项目选择至关重要。选择起步阶段的项目应该考虑哪些因素呢？

简单地说：

一是考虑新区起步区和老城区之间的距离，离老城区越近越好；

二是看自然地形地貌或山水景观，既有开敞空间又有好山好水，现成的自然山水景观越好，起点价值越高，还能节约大量的人造山水景观的资金；

三是配套的基础设施和公共服务越完善越好，临主干道、毗邻学校，土地价值就更高；

四是考虑土地利用现状和规划，尽量把基本农田和开发难度较大的区域规避掉；

五是考虑规划用途，保障居住、产业、商业、基础设施、公共服务等各类用地均衡，可以自成体系。

基于这些方面的考虑，我们把所有价值影响因素进行了分析，包括老城区、山水景观、学校、综合医院等都找出来，根据它们的辐射范围和价值影响规律做出一个价值叠加模型。根据价值叠加模型，结合城市规划，绘出了一个区域，这就是经过科学选择的起步区，大概 10 平方公里。

在对这个起步区开发的总体可行性进行分析后，我们判断，虽然新区是因高铁站而生，但高铁站最多能够带来每天数千人的客流，远远起不到带动这么大规模新区建设的作用，因此其内生动力绝对不是来源于高铁站，而是来源于老城区。有了这样的判断之后，开发时序问题也就好解决了。

从大的逻辑来说，首先，要打通和改善新老城区之间的交通连接，实现无缝衔接；其次，要优先开发和出让紧邻老城区的土地，减少培育期；然后，要拉开新区框架，打造城市景观，改善生态环境，以高端配套提升区域吸引力和价值；最后，要以区域内原有企业产业为基础，以搬迁改造为契机，加速产业聚集和产业升级。

按照这样的逻辑，我们对起步区投资项目的时序进行了合理安排，进而对区域内的开发和收益节奏进行了设计，一份完美的作战地图就形成了，几轮的沟通下来，投资人的投资信心也树立了。

3. 好投资的核心是选对伙伴

在完成了起步区的选择和开发时序之后，我们对这个区域的征地拆迁、市政基础设施、公共服务设施和产业配套设施的投资规模进行了估算，规模大概 50 亿元，完成这样一个区域的开发需要 5～8 年的周期，每年的投资规模为 8 亿～10 亿元，按照分步实施、滚动开发的路径，整体下来，投资人通过一定的资本金投资就能够有效地撬动新区的开发。

那究竟选择什么样的投资人才最合适？我们一致觉得央企是一个比较合适的投资人选，原因无他。

对于市政府来说，新区是“掌上明珠”，是未来最为重要的发展区域。市政府希望这个项目既要保质保量地完成，又不会引发不必要的社会问题，同时还能为地区增信。所以就要求未来的“亲家”既要有钱，还要有身份、有地位，最重要的是要有责任有担当。这几点央企都满足。

新区虽然未来发展前景良好，但是当时现状建设面貌较差，没有可以用于抵押融资和变现的资产。央企可以凭借自身雄厚的财力和优良的信誉，无需地方政府提供任何抵押或担保，就可以完成融资，而且又具备过硬的施工资质和能力，可以快速改善新区的面貌，是新区开发的“不二人选”。

再者，央企还具备很强的产业整合能力和资源拉动效应，能够带动很多相关的企业和产业进驻新区。

在这样的目标导向下，为了促成政企合作我们又进行了模式创新，将单体项目的PPP模式应用到了区域开发的领域，进行了项目识别、项目投资可行性测算和风险防范措施，经过这样深度包装的项目获得了投资人的高度认可，政府也愿意配备最好的资源，多次的沟通对接之后，终于帮助政府引入了央企投资人。

投资，本质上是一种对自我的认可和对他人的信任，我们常说人生有几件大事儿：生活上找对人，事业上跟对人，投资上看对人。对一个，保底；错一个，遗憾；全对，阳光灿烂；全错，满盘皆输。而做好一个大项目的投资则要求更高，选好地点、选准项目、选好伙伴，这三者之间的关系更加缺一不可。

所以说，投资很难赚到你不信的那份钱，而信任的背后，包含了对区域的信心、对项目的信心和政企双方的信任，这样才能收获成功。

如何破解“迷惑术”

政府作为城市资源统筹者，把握规律，守正用奇，才能抵制诱惑，赢取未来。

——投资经理心得

当前城市开发建设的核心是政企合作，这种模式既不同于政府自行开发，也不同于企业自主投资，其复杂性决定在这个过程中，既不能单纯遵循政府惯例，又不能单纯迁就企业追求利益最大化的目标。在合作的过程中，大家不可避免地都有经验主义，若大家都按照自己原有的操作惯性来实施，政企双方往往不能缩小分歧，反而会扩大矛盾。

在给政府做投资顾问的过程中，我们经常会遇到招商工作往往是地方政府最急迫的需求，有些投资人便抓住地方政府招商引资的迫切心理，设计了很多五花八门的投资方式，这些投资方式多数重眼前、轻长远，带有很强的“迷惑”特征。一方面，导致政府让利过多，城市发展难以为继；另一方面，投资人自身的实力不足，还会给城市发展埋下隐患。

这里我们把一些常见的“迷惑术”做个列举，以资借鉴。

1. 如何识破五种常见的“迷惑术”

通常来说，土地既是城市最重要的资源，也是地方政府招商的资本。一个新区从起步、成长到发展成熟，城市功能在逐渐完善，城市价值在逐步提升，土地价格在这个过程中具有很大的上升幅度和提升空间，因而，土地成为众多投资人眼中最大的一块“奶酪”，这里涉及的投资模式也具有很强的迷惑性。

(1)“坐享其成”

某新区在开发建设初期急于招商，投资人投其所好，策划一系列看起来颇有高度的大项目，以此获取了大量土地的开发权，一旦拿到土地之后，投资人却不按照计划出牌，项目迟迟不动工，等到这个区域有了新的战略规划和区域规划后，政策红利和区域大配套的完善带来的土地价值的大幅提升，投资人坐享其成，政府却苦于再也没有充足的发展空间。

（2）“挑肥拣瘦”

在投资项目的选择过程中，投资人往往会首先挑选一些无需拆迁或者是拆迁量较少的地块，建设项目也优选市政工程、景观绿化等利润高的进行投资，其自身的项目建设和投资收益得到了保障，却导致区域开发到后期遗留大量“城中村”，最终还是需要靠政府。

（3）“顺手牵羊”

投资人要求政府将土地与项目投资捆绑，以取得部分具有升值潜力地块的土地使用权作为合作条件。而在这些土地估价上，通常投资人在项目前期就会要求政府完成上述土地的交易，其时土地周边的基础设施和公共服务设施没有配套建成，土地成交价格相对很低。通过这种方式，投资人就把未来土地由生地变熟地所带来的价值增值全部据为已有了。

（4）“杀鸡取卵”

某开发商摘到挂牌出让地块，该地块出让条件中要求在地块附近配建一座公园，出让价格相对较低。公园选址的地块上有一些村民需要拆迁。开发商迅速完成了出让地块的房地产开发，在销售过程中借助公园作为宣传营销主题。可是楼盘售罄时，公园动迁未见启动，建设也是一拖再拖，最终成为脏乱差的“城中村”。最后靠入住的居民提议政府为配套服务设施买单。

（5）“暗渡陈仓”

某投资人进行某商业地产项目的投资时，考虑到该项目的外溢性和带动效应，还同时取得了项目周边住宅地块的土地使用权。然而，在竞买住宅地块时投资人却在主体上耍了个花招。其不是以公司作为主体摘牌，而是以自然人或是“皮包公司”来竞买。这样在政府配套设施没有到位的前提下投资人可以故意延缓住宅项目的开发而不用承担相应的法律责任，待配套设施到位后，又可以直接转让地块以获得超额的土地增值收益。

2. 四种办法防止和破解“迷惑术”

那么，怎么才能防止和破解“迷惑术”？从政府的角度看，土地作为政府手上最重要的资源和资本，在筹集城市建设资金过程中，用作抵押担保以吸引投资人是无可厚非的，关键在于城市管理者要深刻认识土地在城市发展过程中的重要作用，正确处理眼前利益和长远利益的关系，充分掌控和盘活手中的土地资源。目前，我们结合城市开发项目的经验，认为地方政府可从四方面寻求破解之道。

一是城市的管理者要抵制住各种诱惑，不断深入实践和总结经验，对每一个投资人的每一个项目都必须深入了解，对各种投资方式都进行全面分析，做到决策的科学性和合理性。

二是按照城市的发展规律充分利用土地，土地价值总是随着城市开发建设的进程在逐渐提升，这一过程中，城市管理者要科学地谋划项目，将城市价值提升所带来的效应适当地内部化，合理安排土地出让的节奏。这样既能有效地保证投资人利益的实现，又有利于地区的长期发展。

三是在招商引资工作中应尽量避免不计成本的大招商，很多政府是在项目没有运作思路和盈利模式的情况下就忙于招商，投资人在很大程度上就是利用了这种迫切心理，设计了种种圈套，反而使地方政府失去了招商的主动权。

四是通过对各种规范、标准和程序的融合来加强约束，涉及土地的投资方式都需要符合国家的政策法规、走合法的程序，比如公开招拍挂、收支两条线、禁止囤地等。因而，城市的管理者和实施者可以从统筹兼顾的角度制定城市建设的管理规范，减少投机行为的发生，从而有效地选择投资人，有效地实现城市发展的良性建设模式。

唱对政企关系的三首歌

大树底下好乘凉，项目活在战略里。

——投资经理心得

某城建投资企业的老总曾用三首歌来总结政企关系的不同阶段。

第一个阶段，在招商的时候，政企关系应该叫做《你知道我在等你吗》，双方“一见钟情”，相见恨晚，我看上你的项目，你看上我的实力，互相之间都看对了眼，感到未来的合作前途光明。

第二个阶段，是谈项目的时候，这个时候叫做《甜蜜蜜》，互相考察，挖掘项目优势，表态频频，一切好说，都是为了早日开工。

第三个阶段，是做项目的阶段，合同签下来了，开始干了，发现之前竟然藏了那么多问题，这儿有不规范发包的工程，那儿有一块地不合规。不仅如此，最可怕的是原来说好的重点项目，干着干着发现领导换了，政府的工作重点已经转移了，所以提心吊胆，战战兢兢，用一首歌来形容就是《明天你是否依然爱我》。

研究市场经济，人们常用“无形的手”来形容背后的规律，而在城市建设领域，政府“有形的手”似乎总是处在上风，无论是投资大型基础设施项目，还是做成片规模的园区开发，都离不开“有形的手”支持。

但这只“有形的手”似乎又不是那么稳定，“有形的手”受到大脑的指挥，“一把手”的发展思路在起作用，落到纸面上，就是城市发展战略往哪儿走。

对于在一座城市投下数亿甚至数十亿元的投资企业而言，城市发展战略的变化是非常可怕的，换了“一把手”常常意味着城市发展战略的调整。

对于在城市中长期投资的企业而言，城市发展战略或是政策的调整经常比项目本身的风险要大得多，有种“皮之不存，毛将焉附”的挫败感。那怎么去判断一个城市的发展战略是否稳定？多年看项目下来，我们总结出几个基本规律。

一是超越城市发展阶段的战略要慎重。

城市发展需要有前瞻性的战略引导，但是有不少城市的战略方向有急于求成或是好高骛远的毛病。

比如有的城市连区域中心城市的发展水平也还达不到，却瞄着特大城市的水平来规划项目，或是客观上一个十年才可能完成的建设目标，政府却提出要三年实现。在这种过分超越城市发展规律的目标之下规划出来的项目，要么做不成，要么要长期培育，企业还没等到项目成熟的那一天就已经被拖垮了。

二是四面开花的战略要慎重。

很多城市政府提出来的战略都是四面开花，这时候投资企业就要小心了，大多数城市特别是中小城市的资源和财力，是无法支持这种“大撒网”式的战略思路的，特别是各个方向都规划了大型建设项目时，企业要仔细琢磨一下，哪个方向是真正可能发展起来的，一旦投资错了方向，企业会发现政府的资源很快都铺到别的方向去了，从谈项目时的全力支持，变成了与企业争夺城市发展资源，这时就会处在进退两难的境地。

反而有几个三四线城市成功升级的例子，都是客观上城市发展的空间方向很单一，没什么可选的，每届政府都只能在这一个空间方向上找出路，政企合作倒是非常顺畅。

三是缺少体系支持的战略要慎重。

战略提出来了，需要政府的各方面体制机制予以保障，才能执行下去。各地方的城市建设管理体制，从表面上看都差不多，实际上发育水平和内部运行机制差别非常之大。

有的城市发改部门很强大；有的城市建设部门有实权；有的城市资源和财力向区镇一级下沉很厉害；有的城市市本级财力很雄厚；有的城市制度很多，执行起来内耗占比很大；有的城市制度稳定但是创新不易；有的城市平台公司很强大；有的城市财力全靠财政部门来分配。

每一版城市发展战略制定出来的时候，能够与这个城市的建设管理特征相合，执行下去的希望就大。否则“一把手”再强势，也难免被城市已经形成的建设管理体制层层削弱；或是换了“一把手”，思路一变，本身体制不健全，一切跟着“一把手”走的体制下，旧战略、旧项目就没人理会了。

四是脱离城市过去发展脉络的战略要慎重。

那就是城市发展终归是个连续的过程，过去的投入是新战略实施的基础，而在衔接不畅的时候也会是阻力。

当我们在城市里投资大型项目时，也需要研究一下城市过去的发展历程，如果这版新战略与过去的发展历程比起来，是跳跃式的，找不到衔接之处，那企业也要小心了，这样设计出来的项目很可能是空中楼阁，各部门看起来支持，真正实干起来的时候，心里实际上都在犯嘀咕。

荣邦瑞明的投资顾问团队，每年要伴随企业去几十个城市看项目，这个过程中发现两个很典型的现象：一是企业投资项目之前，80％以上的精力都用在研究项目本身上，对城市发展方向的研究少之又少，多数是凭感觉；二是企业最愿意在一个城市的新班子上任的时候投资项目，希望在这届班子任期内把项目做完，这种想法情有可原，但是常常并不解决实际问题。

企业要想解决自身投资的可靠性问题，具备读懂城市战略的能力，才是关键，越大规模的投资越是如此。

跟着正确的战略走，那么第三首歌就可以唱《一生所爱》了。

不赚最后一个铜板

没有好心态就没有好项目。

——投资经理心得

下班坐出租车回家，快到家门口的时候，出租车司机突然问道，我是不是接过你？你们小区我来得少，上次也是从你们办公楼到这个小区，看你有点面熟啊。我于是放下手机与出租车司机聊了一会儿："缘分啊，北京市有七八万辆出租车天天在路上行驶，能两次坐上同一辆出租车，真是一个小概率事件。"

这让我想起了一个项目。兜兜转转，项目看多了，有时难免会遇到重复的项目。可是俗话说再一再二没有再三再四，我竟然四次遇到同一个项目，真是神奇。

F哥是别人介绍了一个卖方项目经理，约我为的是给一个项目找买家或是投资方。F哥说的项目，是一个我已经听过三次的项目。

这个项目的历史之久远，在F哥的老板手里，已经握了上十年了，F哥不知道是第几任推销这个项目的投资经理了。

十几年以前，F哥的老板借着当时的试点政策，与村里合作，给村里的村民拆迁上楼的同时，置换出一部分房地产用地的指标，还与村里合作在集体土地上投资一部分经营性的项目。

虽然当时与村里面签了合同，但是F哥的老板当时没那么多钱，还在四处找合作方投资，所以项目推进得很慢。

试点政策总是有时效性的，2004年"8·31"大限令下，土地政策有变，原来的合作模式如果不能在大限之前尽快完善手续开工建设，就面临无限期拖延的局面。于是F哥的老板抓紧与有意向的两个投资方谈条件，那时我还刚参加工作不久，跟着投资方去看地，也是我第一次遇见这个项目。

可惜F哥的老板要价太高，最终也没能在大限之前谈下来，于是项目就搁置了。

虽然项目暂时搁置了，但是F哥的老板毕竟已经投了几千万元下去，资金被锁在项目上，产生不了效益，只能干着急。

过了两年，村里等不及了，自己找了一家投资企业合作，准备把F哥的老板投资的钱还了，合作开展集体产业。

恰巧我当时正在与这家投资企业做项目评估，于是又一次遇到了这个项目。

这次对于F哥的老板而言，算是个退出的机会。虽然项目条件已经大不如前了，但是还算得过账来，收购方也愿意适当给些收益，让F哥的老板赚一些退出。

不过与其他那些类似的项目比起来，收益就差得多了，F哥的老板想来想去，觉得难以接受，最终没有同意收购方案，于是这次机会又这样错过去了。

这次没谈成，与村里的关系也搞僵了，村里负责人说你再不干我们就起诉你违约了。

就这样持续了几年，F哥的老板终于遇到了新的集体土地试点政策，当地市里也在按照一事一议的原则，处理以前遗留和烂尾的项目，F哥的老板终于看到了希望。

可是由于这个项目历史久远，中间来回“拉锯”次数太多，当年已经付出去了一部分拆迁款，如今按照市里的房价和补偿标准，村里早就不认当年定下的补偿标准和合作条件了。另外有意愿的投资企业也很少。

F哥的老板最后总算遇到了一家市里的大国企，愿意投资这个项目。这家国企实力强，觉得自己可以解决这些麻烦事儿。那时我已是公司骨干了，正在给这家国企做投资顾问，于是第三次碰到了同一个项目。

好在我对这个项目很熟了，把这些历史过程说得很清楚，算是替F哥的老板做了点推介吧。最后，这家国企提了一个条件，那就是必须要控股，并且F哥的老板不能完全退出，要协助把这些过去的问题处理完，大家都赚到钱了再一起退出。

对于一个折腾了多次的项目而言，要求原股东不退出不算什么过分的条件，可是在控股权这个问题上，F哥的老板又犹豫了。

当时不知道是F哥前的第几任投资经理为此郁闷得不行，因为老板总担心自己失去了控股权，最后收益会受到损失。

于是，谈了几个月之后，这家国企的领导升迁了，新领导没兴趣再花时间在这个“鸡肋”项目上，就这样第三次机会又失去了。

这一次之后，我心里想，可别让我再遇上这个项目了。

没想到，这次遇到F哥，第四次遇到这个项目了。

我问F哥这个项目最近情况如何。

F哥说："项目重新包装过了，前段时间也找了一家信托公司给项目融资，这次老板是下定决心了。只是在收益分成条款上，老板不愿意让得太多，结果耽误了一段时间，最近金融形势不好，信托公司也融不到钱，所以还是决定找一家有实力的企业来合作。"

我一听，跟之前几次没谈成功的原因还是一模一样。

以前我以为只有炒股的时候，人才容易变得患得患失，如今发现原来做投资也是一样，这大概就是人性所在。项目看多了，会发现这样的例子在身边比比皆是。

有的投资经理说，去年PPP项目的回报水平能谈到8%，我们觉得有点低一直没决策，今年只有6%了。有的投资经理说，去年我们有几个二线城市的项目谈得差不多了，最终老板还是没看上，只看一线城市的项目，结果都被同行拿去了，现在有点后悔。有的投资经理说，我们的投资标准定得太高了，现在看来很多项目机会都失去了。

李嘉诚说，自己不赚最后一个铜板，意思就是不贪，赚有把握的钱，不追求利益的最大化。如此看来，对于商业行为而言，实在是一种难能可贵的品质。

那如何才能让自己不患得患失呢？这大概就是经营和投机的区别吧，项目看得多了，才能明白，原来市场上从来没有多少好机会，成功的投资企业，是抓住每一个平平常常的机会，让自己稳健地前进，所谓善战者无赫赫之功。

打铁还需自身硬　病急切忌乱投医

——兼论城投公司转型

建立规则和设计自主经营机制，是城投公司向投资端转型的关键。

——投资经理心得

某天一大早，有个同事一脸愁容地走进我的办公室，说有个比较棘手的问题想请教一下。我招呼她坐下，让她不要着急，细细道来。

原来，她有个客户，是一家地方城投公司（简称A公司）。前两天，A公司的老总给她安排了一个任务，让她颇为挠头。

A公司成立于2015年，属于纯国资，其主要职能就是负责当地一个产业园区的开发建设运营管理。这个产业园区规划面积20余平方公里，目前已经开发建设了2平方公里，引进了几家企业。

由于地处省会城市周边，招商引资工作不算太难，而且房价和地价都比较高，整体资金平衡难度不大。按道理来说，A公司的日子应该挺好过的，但眼前却遇到了大麻烦。

原来，在A公司成立之前，2010年开始，当地政府就已经陆续投入了十几亿元对该园区进行开发建设，A公司成立后，在继承了资产的同时也把债务继承了过来。

但资产都是一些市政道路楼、堂馆所之类没有现金流的资产，债务却是实实在在需要按月偿还的债务，而且近期已经到了还款高峰期，A公司现在账面上的现金只够还利息的。有人会说了，不是还有地吗？地价不是挺高吗？卖几块地不就解决问题了。但问题恰恰就在这里！

首先，这些地还都是“生地”，需要征地拆迁“七通一平”才能卖，这些都需要花钱，钱从哪里来？

其次，虽然上级政府给了园区“封闭运作、自求平衡”的政策，但在执行的时候却出了偏差，卖地的钱到了上级财政之后迟迟不能返还，导致整个项目只有支出，没有收入。

最后，A 公司的老总想了一个办法，希望引入一家财务投资人或一笔过桥资金，优先解决债务偿还和土地一级开发投资的问题，顺便借此机会实现公司转型，摆脱政府的束缚。

我的同事领了任务回来，要帮 A 公司找一家财务投资人。但她手头上资源有限，于是就来求助于我。

听完她的描述，我只能苦笑一声，“又是一个病急乱投医的!”

且不说能不能找到合适的财务投资人，即使找到了，如果与政府之间的关系理不顺，到时候上级政府还是只让干活不给钱，那拿什么去兑现给合作伙伴的承诺?

由此事联想到当前有很多地方城投公司或平台公司寻求转型，希望和政府“分家”，独立发展，这个方向是对的，应该鼓励。但是，在分家之前，我认为有几件事要想明白。

首先，应该分哪些家产。政府的资产千千万，但不是所有的资产都能分，也不是所有的资产都值得要。比如《关于进一步规范地方政府举债融资行为的通知》（财预［2017］50 号）规定，地方政府不得将公益性资产、储备土地注入融资平台公司，不得承诺将储备土地预期出让收入作为融资平台公司偿债资金来源。所以，这些资产不能分，即使分了也不能用。还有一些经营性资产，比如收费公路、景区，如果与公司的主营业务不符或不具备运营能力，那么要过来也不合适。

其次，要把“责权利”说明白。虽然有些城投公司独立了，但作为国资企业，还是会承担部分公益性项目的建设工作，也不可避免地会做一些政府交办的不赚钱的事。做可以，规则要说清楚，而且要白纸黑字地形成书面文件，这样才是真正的市场化运营主体。

另外，要想明白自己的谋生手段。俗话说，打铁还需自身硬。分家之后，就要自己赚钱养家了，如果连谋生手段都没有就匆忙分家，那只会坐吃山空。说得更具体一点，就是要把企业的核心能力、资源资产、盈利模式、合作条件等设计清楚，这样才能有资本和信心去迎接外部的挑战。

最后，也是往往会被忽视的一点，就是城投公司老总的“能量”。分家就是动别人的“奶酪”，必然涉及打破旧有体质机制、协调政府各部门的工作，如果老总能量不够，政府不支持、各部门不配合，那转型工作就会非常艰难。

讨论之后，我让同事转告那个客户，不要着急想着去找财务投资人，而是要先把我提到的上述几个问题想明白，实在不行，我们可以协助客户去想明白。当然，这需要花费一定的时间和费用，但磨刀不误砍柴工，这些付出都是值得的。

政企合作要有“丙方思维”

合作既需要“换位”，也需要站在全局的角度进行必要的“升位”。

——投资经理心得

前段时间和几位在投资公司研发部门工作的朋友聊天，谈到他们的工作，我给他们的定位是“甲方里的乙方”，具体来说就是“在甲方公司里做乙方业务的”。对此定位，他们十分认同，并且就这个话题聊了很久，最终归结为“甲方身份、乙方业务、丙方思维”。这里的“丙方”其实代指“第三方”，也就是说做项目不能只想着甲乙双方的利益，更要站在第三方的角度审视项目，要有“大局意识”。

那次聚会之后，这个话题也就搁置下来。某天早晨，有个同事来汇报项目工作，提到了一个细节，又勾起了我对这次谈话的思考。

事情是这样的：这个同事正在负责一家央企的投资咨询项目，这家央企正在与地方政府洽谈投资合作事宜，希望针对这个地方的多个投资项目制定“一揽子”合作方案。由于目前政策多变，特别是融资难度不断加大，所以洽谈的过程比较曲折，合作方案也在不断调整。

最近，这个同事接到甲方的最新指示，要减少其中一个项目（以下简称 A 项目）的投资额，并基于此重新调整投资测算和合作方案。同事只是把它当成了又一次技术调整，但我却感觉大事不妙。

在所有的投资项目中，A 项目是这次合作的缘起，也是地方政府最关注的一个项目。当初，就是因为 A 项目急需投资建设，而地方政府又没有财力，所以才考虑找这家央企合作。而正是这家央企一开始承诺要把 A 项目放在“一揽子”合作计划里整体考虑，才赢得了地方政府的认可，从而衍生出其他的合作项目。当然，A 项目本身确实不是个好的投资项目，很难产生盈利甚至还会亏损，但如果因为这个原因就要减少对它的投资，那整个合作的基础就不复存在了，也会让政府感觉企业失信，进而有可能导致整个合作的失败。

作为企业的投资顾问，我们要根据甲方的要求对项目的投资收益情况进行分析，对合作方案进行设计，为甲方的投资决策提供支持。但同时，如果不把一些实质性的问题看清楚，而只是一味地遵照甲方的意愿去调整方案，那看似维护了甲方的利益，但却有可能陷甲方于不义，到头来其实是害了甲方。

做咨询如此，做投资更是如此。回顾这几年喧嚣的政企合作/PPP 行业，不管是地方政府，还是社会资本，大部分都是“甲方思维”“本位主义”。谈判的时候，地方政府言必称“公益”“民生”“规范”，社会资本言必称“效益”“风险”“权利”，其实说到底，都是为了自身利益考虑，看谁更精明，看谁更强势，谁就能在合作中占据主导地位。再加上一些只会“乙方思维”的咨询机构在里面推波助澜，导致很多项目虽然程序上合规，但本质上不符合 PPP 的精神，即使是入了库或完成了采购工作，最终仍然会面临被清理或者再谈判的局面。

有人会说，之所以会出现这种局面，是由于 PPP 相关的政策一直在变，但我要说的是，其实 PPP 一直没有变，只不过参与的各方都在“耍小聪明”，最终“聪明反被聪明误”。

再说回刚才那个 A 项目。如果企业方具备“丙方思维”，那么在当前情况下，首先想到的不应该是甩包袱，而应该想尽各种办法去解决融资问题，确保兑现当初对政府的承诺；即使甩包袱，也要有所识别，否则极有可能甩出去的是“降落伞”。

如果政府具备“丙方思维”，那么在当前情况下，首先应该理解企业的想法和困难，同时要考虑如何为项目增信，提高项目的融资能力，共同把这个包袱背起来。

如果咨询单位具备“丙方思维”，就要主动出击，为项目的顺利推进积极想办法、出谋划策，真正发挥“第三方”的作用，为项目保驾护航。

当前，中央把防控金融风险当成了第一要务，但防控金融风险不是一味收紧货币政策或信贷（之前的央行降准就是一个明显的信号），也不是由此降低在城镇化领域的资金投入。现在的政策其实是在“关后门”“堵漏洞”，目的是倒逼地方政府、社会资本和金融机构去转变思维，真正从有利于区域发展和项目实施的角度来进行谋划和运作，建立真正的“大局意识”和“丙方思维”！

局部最优不等于整体最优

每个条件都最优的项目其实是“怪胎”。

——投资经理心得

什么样的项目是好项目？这个问题是很多投资经理都在思考的问题，因为好项目可遇而不可求，使得找项目的人有时候会怀疑好项目到底存不存在。

本章第一小节讲述了在充分的市场竞争环境下，想简单地找到好项目是不大可能的，本节要讲的是另外一个看项目的视角。

财务评估是每个投资项目的前期基本工作，它可以揭示很多问题，让人从定性到定量地看待一个项目的全貌，但是有时候如果视角错了，我们是不可能从财务上得出一个正确结论的。

多年以前，我在北京地铁四号线 PPP 项目上，负责对项目进行财务评估，并拿出一个代表政府方与香港地铁谈判的财务方案。

要说做项目财务评估，我自然是信心满满，我已经建立过数十个项目的财务模型，研究过无数遍各种项目参数假设和结论之间的关系，给我一组项目的输入输出数据，我甚至不用看模型，就知道这组数字背后的模型是不是有错误，哪里错了和应该如何修正。

可是对于一条地铁线路的评估，首先要弄清楚大量复杂的参数，并研究清楚谈判对手的情况，才可能拿出可行的方案，这可不是一个财务专家独立就可能弄懂的。

于是当时的京投公司（即北京地铁改制后的投融资平台）召集了国内各大城市的兄弟单位的财务人员汇聚京城，一起来研究地铁运行的各种财务参数是什么样的。

之所以这么做，是因为既然是谈判，自然有上限和下限。北京市政府和北京地铁之所以选择要引入香港地铁等先进的轨道交通企业参与北京市地铁线路的投资、建设和运营，最核心的原因一是希望引入更优质的服务标准，二是希望这些企业先进的运营经验可以带来成本的降低，减少政府财政补贴的支出压力。

香港地铁的运营水平研究明白了，只能作为谈判的理想目标，也就是上限，香港地铁运营能比京地铁运营节省 3 亿元，那么我们的财务补贴就减少 3 亿元，别人“一点赚头”都没有了，这自然是一厢情愿的想法。

谈判的底线自然也不大可能是把北京地铁的现状作为底线，现在每年补贴 5 亿元，引入香港地铁后每年补贴金额减少到 4.9 亿元，那自然不能算作成功，至少要比国内先进经验的集成方案更优才行。

这就是为何北京地铁要召集全国的兄弟单位，贡献各自的经验和智慧，来研讨各项运营成本的财务参数的原因。

那时我负责全面财务评估工作，自然全程参与了这些数据收集和研讨的过程，能够在划时代的重大项目中负责核心的专业工作，我自然是无比兴奋的。

能源、站务、维修、人力等各个组的研究成果很快汇总了上来，北京、广州、上海、深圳等各大地铁公司的运营经验数据被一一拆解，择优选用。

当时北京地铁的负责人在第一次听我详细地汇报完代入了各项数据的财务方案之后，没有对漂亮的财务方案结论点头，反而是问了我一个问题：“按照你们的这些参数评估，先进的运营水平下，四号线一年的总成本预计是多少？”

听到这个问题我当时有点震惊，震惊自己犯了一个低级错误，为了今天的汇报，我填了一张数据汇总表出来，上面一套方案有六十多项数据，几个对比方案加起来有近三百项数据，结果我忽略了一个非常核心的数据，就是总运营成本。

我翻了一下模型，赶紧找到了这个数据，结果北京地铁的负责人看到这个数据后，说这个数有问题，你们回去重新研究一下。

说实话当时我还有那么一点不服气，每个专项参数都是经过细致研究的，加总起来还会有问题吗？

我回去以后又开始做详细的对比，从一条线路的总体成本水平比较出发，我发现通过我收集来的数据得出来的总成本，比北京当时的运营水平节约了近 40%，比香港地铁的水平竟然也节约了 20%，难道内地的先进水平已经如此之高了？那我们还找香港地铁的相关人员来干什么？

于是我花了几个月的时间，来收集香港地铁的年报和各种数据，然后想办法把它们拆解到最基本的参数一级，毕竟这也是他们第一次到内地来投资，没有内地的经验之前，只能想办法把香港地铁的经验先转化清楚才是最重要的。

之后我又找各组的负责人，与他们探讨了原始的参数来源，并找到了地铁运营的技术专家来研究这个问题。很快我弄明白了，原因也十分简单，原来各项最优参数之间，根本就是无法并存的。

日常维修费用最低的，原因是他们大修费用高，备车投入多；维修人员最少的，原因是他们的维修外包给了原生产厂家；站台能源消耗小的，原因是建设投资阶段都选用了节能设备，多花了投资成本，或是当地气候本身就不大需要空调。

如此看来，集合了全国各地地铁最优运营成本参数的方案，实际上是个“四不像”，组合起来根本无法实施。

这其实是财务评估人员经常会犯却有时候意识不到的两个问题：一是忘记探究数字背后的原因；二是局部最优的简单组合，并不等于整体最优，这是系统论的基本原理。

弄清楚了原因，项目团队又再次召集了运营总管级别的技术专家，与财务专家一起探讨运营成本优化和运营组织之间的关系问题，重新设计财务方案，终于得出了多方认可的可行方案。

项目评估本身就是一个系统问题，小到运营成本，大到项目整体财务模式，都遵循着系统论的基本规律。

在基础设施投资项目的评估和决策中，一个方案经常要面对各方面专业人士的质询，方案设计者经常会发现每个人提的意见都很有道理，因为能参加质询的，通常都是某一领域的专家，但是这些意见凑在一起是根本不可能实现的。

在企业的投资决策中，除了要真正实现多方面专业人士的参与外，最终做出投资决策的人，必须有系统化的视角和决策整合能力，能够站在系统整体可行性的角度接受或者否定各种站在局部最优提出的意见和建议，否则一个方案难免会落入“四不像”的困局，决策也无法落地。

从垄断利润到市场利润

垄断的利润甜，市场的利润薄。

——投资经理心得

S公司的母公司是一家大型的地方国企，主要负责B市交通基础设施建设，作为项目的业主单位，这么多年下来，积累了不少了交通项目资产，包括城市道路、高速公路等。

近水楼台先得月，S公司借助母公司作为交通项目政府业主代表的优势，成为了专门运营母公司名下交通设施沿线经营性资产的专业资产经营公司，手里积累了不少的广告、停车、服务区商铺和加油站等经营性资产。

这些资产每年给S公司带来十分充沛的现金流和利润，可谓是旱涝保收。在经济形势下行之时，S公司的报表在整个母公司集团体系中都十分亮眼。

不过B市虽然规模很大，但交通基础设施建设已经十分发达了，新建项目越来越少，加上国企改革的政策越来越多，市场化的步伐越来越大，S公司的母公司也在未雨绸缪，考虑“如何让自己真正走上市场化经营的道路，摆脱单纯的政府平台公司的尴尬地位”。

S公司的母公司盘算了一下自己的各个业务板块，并做了分工，要求各个子板块按照职能分工探索市场化的路径。S公司作为过去经营性资产最多、财务状况最优的子公司，自然被寄予厚望，定位为“交通综合服务投资平台”，作为集团市场化运作的“试验田”，要走出B市，将服务延伸到更大的区域。

S公司的管理层对此信心满满，因为S公司的交通服务设施经营，从一开始就走的是规范经营的路子，与业内同行比起来，服务水准也算是名列前茅，因此S公司的管理层在改革之初，也立下了大步走的五年扩张战略。

既然不再单纯依赖母公司的资源支持，那么S公司要扩张经营规模，自然要走收购的路线，好在S公司账面上现金流充足，储备满满。

S公司把扩张区域选定了“一近一远”，近的区域定位在了B市的邻近城市，特别是围绕B市建设的交通网络周边的服务设施；远的区域则是定位在了与B

市城市群同等级别的珠三角城市群。

很快，S公司开始这些区域筛选收购目标，并看好了十几处停车场、加油站和服务区资产，开始与这些资产的业主方进行接洽。

这些资产的业主方，有的与S公司一样是政府平台下面的交通投资平台，有的则是获得政府特许经营权的市场化投资企业。在这个“现金为王”的市场环境下，S公司这样财务状况良好的地方国企，受到了这些业主方的热情招待，也达成了资产收购的意向，只是价格问题上还有待商榷。

不过这并不是问题，因为这些资产的转让，最终也要通过竞标程序，业主方对S公司表示，只要公开程序竞标，最终报价是多少都认可。

第一次竞标开始了，S公司调研了一圈竞争对手，感觉他们都没有自己有钱，所以定下了以我为主的投标方针，资产收购报价一揭晓，结果出乎意料，S公司的报价排名倒数。

S公司的管理层有点想不通，自己的报价与中标价差距实在太大，算来算去第一名的报价都是亏本的。大家分析来分析去，也许是这次的目标资产位置不错，竞争对手急于拿到标杆性的资产，所以愿意“赔本赚吆喝”。于是大家也就不再纠结这次失利，毕竟手里已经有不少优质资产了，投资还是要稳健，不能“做赔本的买卖”。

没过多久，S公司开始参与第二个资产包的收购竞标，这次S公司投标的时候，在既定报价上提高了5%。

在大家的翘首期盼中，开标之日到了，让人失望的是，S公司又是排名倒数。业主方也对S公司表示，“你们其他方面的分数还是挺高的，可是报价和别人相差较多，实在是很遗憾。”

这样的状况，又接二连三地出现了几次，让S公司的管理层难以接受，以这样的价格收购资产或是租赁设施来经营，哪里还有钱赚?

眼看这样下去战略目标难以完成，于是S公司的管理层找到几家同行竞争对手上门学习交流，看别人是怎么经营的。

一圈走下来，S公司的“一把手”终于弄明白了。一家竞争对手的老总对他说，“你看，我的日子确实不好过，我跟你不一样啊，能用一个人我绝对不用两个人，能一趟把货都运到我绝对不运两趟，你们经营的那些项目我都去看过，确实做得不错，但是对我而言，就是太奢侈了。”

那位老总接着说，“为什么说你们奢侈啊，你们经营得非常规范，但那是建立在高成本基础上的规范，你们的项目都是母公司象征性地收了点资产经营费就给你们了，在我看来跟免费没什么区别，你们集团的交通项目都是政府直接给的，说白了你们赚的都是垄断的利润，可我的项目都是在市场上盘来的，不出高价我就拿不到，垄断利润那是归业主的，我只能赚点经营的辛苦钱，所以我弄得比你们精细，才出得起高价。”

几句话让S公司的“一把手”陷入了沉思。

在接下来几天的战略和经营发展研讨会上，S公司的老总给我讲了上述的故事，并邀请我们一起研究如何重新定位和优化S公司的扩张战略。

S公司的经历实际上很有代表性，很多地方国有企业正在迈向市场化转型的方向，可是进入市场看项目之前，每个企业实际上都需要先审视自己，知己知彼方有胜算。

S公司的老总在研讨会上对管理层表示，几次竞标的失利，让我们真正弄懂了自己“漂亮的利润表”是怎么来的，按照市场化的标准，我们的经营利润实际上是负的，是资源垄断带来了漂亮的数字，这样的规范经营还远不足以接受市场的考验，所以看项目的同时，我们要通过项目看清自己，内外兼修才是我们能走向市场的前提。